U0918422

汉宫轶事

HANGONGYISHI

成功者留下的闪光足印

刘正良 常 量 著

人民日报出版社

图书在版编目（CIP）数据

汉宫轶事／刘正良，常量著．—北京：人民日报出版社，2015.10

ISBN 978－7－5115－3401－9

Ⅰ.①汉… Ⅱ.①刘… ②常… Ⅲ.①汉高祖（前256～前195）—生平事迹 Ⅳ.①K827＝341

中国版本图书馆CIP数据核字（2015）第241310号

书　　名：汉宫轶事
著　　者：刘正良　常　量

出 版 人：董　伟
责任编辑：林　薇　张炜煜
封面设计：胡文强

出版发行：人民日报出版社
社　　址：北京金台西路2号
邮政编码：100733
发行热线：（010）65369527　65369846　65369509　65369510
邮购热线：（010）65369530　65363527
编辑热线：（010）65369514
网　　址：www.peopledailypress.com
经　　销：新华书店
印　　刷：北京天正元印务有限公司

开　　本：710mm×1000mm　1/16
字　　数：237千字
印　　张：15
印　　次：2016年1月第1版　2016年1月第1次印刷

书　　号：ISBN 978－7－5115－3401－9
定　　价：45.00元

第十一届全国政协副主席陈宗兴为本书题词

汉高祖刘邦的成功之道（序）

永城是汉兴圣地。

公元前209年，布衣出身，时任沛丰邑泗水亭长的刘邦，在永城境内的芒砀山揭竿起义，并在此招兵买马，训练反秦义军。当全国反秦烈火烧起时，他率队出芒砀，下沛丰，进彭城，西征咸阳收降秦王子婴，东击西楚逼不可一世的霸王项羽自刎于乌江。经过连续八年的鞍马征战，不仅创建了在中国历史上延续400余年的大汉帝国，更创立了汉民族、汉礼仪、汉语、汉服等内容深邃、影响深远的汉文化。

研究汉朝的兴盛史，应该从芒砀山前刘邦斩蛇的壮举开始；研究汉文化的发展史，必须研究汉高祖刘邦的成功之道。

英国著名历史学家阿诺尔德·约瑟汤因比认为：“人类历史上最有远见，对后世影响最大的两位政治人物，一位是开创罗马帝国的恺撒，另一位便是创建大汉文明的汉高祖刘邦。”刘邦“亲手缔造了一个昌盛的时期，并以其极富远见的领导才能，为人类历史开创了新纪元！”

刘邦的成功，虽然有诸多的历史机遇，但认真研究分析其独特的成功之路，便不难发现，刘邦身上的闪光点，至今仍可供我们学习借鉴。

刘邦目光高远，目标明确。他虽出身于农民，但在其孩童时期，当看到秦始皇出游时的威严与大气时，便脱口而出气冲云霄地呐喊：“长大后，我也要当秦始皇！”这呐喊像一颗破壳欲发的种子，植入其内心深处。从此便有了“温氏水塘边遇龙受孕而生刘季”“沛县城内刘邦酒后现龙身”“芒砀山前赤帝子挥剑斩杀白帝子”等一系列传说。这些传说的一个共同主题，便是刘邦是龙种，将来必为真龙天子。这既是对外界的宣传，也是刘邦的自勉。他在用一种独特的语言宣誓：“此生要成就成帝业，要做就做皇帝！”随后的南北征战，东拼西杀，都是在紧紧围绕这一目标而努力。

刘邦注重宣传，善于造势。在那个时期，刘邦肯定说不清楚舆论与宣传的重要作用。但他深知如何通过人为造势来凝聚人心，克敌制胜，并运用得恰到好处。初举义旗时，他通过“现龙身”“斩白蛇”“百米高竿竹筐响亮”等充满神秘色彩的故事，让所有追随其起义的人都坚信：“刘邦是真龙天子，”“跟着刘邦走，最终必定能光宗耀祖。”自愿跟定刘邦吃苦、受累，“提着脑袋打江山”。西征灭秦后，因自己的军事实力尚不及项羽，便委屈地接受汉王封号。率军入川时，他火烧栈道，自断回归中原之路，使一直对其处处设防的项羽，放松了警惕，赢得了“明修栈道，暗度陈仓”，最后挥戈灭楚的宝贵时间。统一全国后，他两次高唱大风歌，振臂大喊：“安得猛士兮，守四方”，既巧妙地向朝堂内外传递了他求才若渴的心情，又向全国展示了他内修外治，稳固边防，让广大民众休养生息，共建家园的决心。

刘邦处处身先士卒，靠前指挥。刘邦虽不是行伍出身，但自从在芒砀山仗剑起义后，他多年身居马背之上，每次关键性战役必亲临一线指挥。和将士们一起，多次出生入死，化险为夷。特别是汉朝建立后，刘邦已年近花甲，但当彭越、英布等反叛后，每次都是他御驾亲征。

刘邦唯才是用，不拘一格。刘邦在建立汉朝，即皇帝位后的一次庆功宴上，面对群臣，自我总结说：“论运筹帷幄之中，决胜千里之外，我不如张良；论抚慰百姓，供应粮草，我不如萧何；论领兵百万，决战沙场，百战百胜，我不如韩信。但我能知人善用，发挥他们的才干，这才是我们取胜的真正原因。”在南北征战的行军途中，刘邦每到一地，都要亲自深入民间，访求贤士，并能做到不计小节，有才必用，量才任用。被称为高阳酒徒的郦食其，恃才傲物，放荡不羁，见到刘邦后仍出言不逊，但当刘邦发现其确有可用之才后，便大胆地委以重任，使郦食其的才能得以充分发挥。首先说服其弟郦商率数千人加入刘邦的队伍，后又多次为汉朝的建立做出重大贡献。

韩信原为项羽的一名执戟卫士，因长期得不到重用而投到刘邦门下。在萧何的极力推荐下，刘邦发现其确有过人的军事才能，便亲自设坛拜将，将一名普通的投诚人员，直接提拔为大将军，统领汉军所有兵马。这在世界用人史上，都是前无古人，后无来者的一次破格用人壮举。

刘邦建立汉朝后，便亲自下了一道《求贤诏》，恳请天下贤能之士自荐，为皇室服务。承诺“贤士大夫有肯从我游者，吾能尊显之”。并要求各级地方官吏，发现贤能之士，要逐级向上推荐，将他们护送进京，由相国府量才而用。凡有贤能不举荐的官吏，一经发现，要就地免职。这是我国历史上第一份由皇帝亲自签发的求贤诏，也是对地方官吏举贤荐能要求最严的一份求贤令。

刘邦胸怀宽远，能忍辱负重。当年项刘大军从彭城西征反秦时，楚怀王同西征的刘邦、宋义两支大军本有约定：“先入咸阳者为关中王。”但刘邦先入咸阳后，见杀宋义后取而代之的项羽兵马强于自己，便审时度势，委曲求全，主动退出咸阳，移军霸上。并在项羽兵至鸿门后，冒死亲至项羽军营，请项羽入主咸阳，称霸关中。自己则接受项羽之令，到当时人烟稀少，交通闭塞的汉中任汉王。

楚汉战争开始，刘邦兵败彭城后，冒着随时都可能被项羽大军围杀的风险，亲率不足20万的兵丁固守荥阳，牵制了项羽的60万大军。而将汉营中能征善战的韩信、周勃等虎将，派往北疆，先后灭燕、赵，败强齐，最后对项羽大军形成了反包围，逼迫项羽不得已而签订鸿沟协议，撤军东去。又在其回军途中，集重兵追杀，最后消灭了项羽，建立了汉朝。

刘邦惜民爱民，深得民心。刘邦击败强秦，逼秦王子婴投降，率军进入咸阳时，令“官守旧制”，“商尽其能”，对百姓秋毫无犯。随后又移军霸上，“约法三章”。同随后而来的项羽杀子婴，诛旧官，火烧阿房宫形成了鲜明对比。为此，三秦群众日夜盼望刘邦能取项羽而代之。因而在刘邦兵出陈仓，与项羽决战时，各路诸侯王和广大人民群众便群起拥刘反项，最后帮刘邦成就了帝业。

建立西汉后，刘邦针对当时多年征战，经济凋敝，民不聊生的实际情况，及时推出“轻徭薄赋”“减兵归田”“释放奴婢”“重农抑商”“鼓励生育”等一系列让基层民众休养生息，恢复元气的政策，稳定了民心。

刘邦讲仁重义，诚信守约。芒砀起兵时，刘邦曾与其同举义旗者有约，有福同享，有难同当。后来，最早追随刘邦的萧何、曹参、樊哙、周勃等人，一个个随刘邦的事业壮大而升迁，最后均拜相封侯，成为汉室重臣。

沛丰邑的水土养育了刘邦，芒砀山成就了刘邦的帝王梦。刘邦称帝后，念念不忘两地情结，亲回故地，高唱大风歌。并诏令朝廷，免两地赋税三年。将芒砀郡作为自己的“汤沐邑”。

兵困荥阳时，大将纪信亲扮刘邦，以假充真，到项羽营前诈降，使刘邦得以脱险。项羽发现后，将纪信活活烧死。刘邦称帝后，将纪信所有亲眷都予以重用，将纪信出生地以纪信名字命名，并专为纪信建立庙堂，使纪信从此便成为各地城隍庙里的“主神”。

刘邦尊老敬贤，崇尚儒学。纵观刘邦的成长发展史便不难发现，每至关键时刻，刘邦总喜欢向年长者、尊者求教。芒砀起兵时，他亲拜孔子像，深入瓜棚问长者，增进了对“仁义礼智信”的了解。兵入咸阳后，他主动采纳“乡间田老”的建议，移军霸上，“约法三章”，赢得了民心。建立汉朝后，他回到生养之地沛丰邑，摆下“百叟宴”，高唱《大风歌》。

刘邦虽读书不多，但对儒学却倍加尊崇。他是我国历史上第一个亲临孔庙祭拜的皇帝。建立汉朝后，他亲颁《重祠诏》向全国倡行孔子“仁义礼智信”等儒家思想，并命叔孙通带领一班孔府弟子研习、推行儒家礼仪，净化了朝堂和社会秩序。

刘邦高瞻远瞩，深谋远虑。建立汉朝后，他一面在政治体制上推行中央集权下的郡县制，逐渐弱化王侯的权力，强化皇权；在经济上重农抑商，废除秦朝苛法，推行“与民休息”的政策；在民族问题上，倡行北和南抚的民族政策，稳定了边疆。一面命萧何制定汉律，韩信完善军法，张苍制定章程，陆贾总结秦朝灭亡的原因，编写《新语》，警示后人。刘邦的这些举措，不仅使刚建立的汉朝迅速稳定了大局，恢复了元气，为随后的文景之治奠定了基础，而且为以后中国的政治、经济发展积累了可资借鉴的宝贵经验。

刘邦及由他亲手缔造的大汉帝国，兴于永城，不仅为永城留下了诸如大汉雄风、汉高祖斩蛇处、紫气岩、卧龙岗、高祖庙及众多的汉梁王陵等历史遗存，更为后人留下了一套做人、做事、做官的成功经验。

刘连滕

自 序

这些轶事，多取自乡野田间，道听途说，信手拈来，拼凑成文。文中真伪无须考证，不登大雅之堂，仅供读者茶余饭后消闲找乐。

这些轶事也并不是毫无出处，有些内容确选自名典正史。

这些轶事从公元前256年聊到公元2015年，时间跨度虽长达2271年，其内容则始终未偏离汉高祖刘邦出生、发迹、发展、创立千古大汉、汉文化及其深远影响这条主线。

读懂这些轶事，不仅可略知刘邦从一位处于社会最底层的贫民，逐步攀登到人生金字塔塔顶的过程，领悟其奋斗、创业、管理、成功的经验。而且可从中窥见汉文化产生、发展、兴旺、发达的偶然性和历史必然性；窥见世界刘氏宗亲发展、兴盛的历史轨迹。还可从中领略汉高祖刘邦创业地、主要活动地——河南省永城市淳朴的风土民情，秀美的山光水色。

读了这些轶事，如果您产生了热爱汉文化、了解汉文化、亲近汉文化、弘扬汉文化的兴趣，远方的汉高祖刘邦保佑您。

读了这些轶事，如果您对刘氏宗亲增加了新的神秘感、亲和感、认同感，世界刘氏宗亲感谢您。

目录

第一章　秦王深宫惊噩梦　五千精兵闹沛丰

一颗流星，托起万道霞光，从东南方上空呼啸北来。

飞至中原，“咔嚓”一声巨响，流星幻化成巨大的火球，火球裂变为冲天的火光，火光将天地之间照射得亮如白昼。

火光射向遥远的天际，像触动了一个灵敏的开关，四面八方同时传来沉闷又让人心焦的“嗡嗡”声，同时腾起团团黑云。

黑云如千万只张牙舞爪的黑熊，狂奔乱跳，遮盖了整个天空。

天空没有了火光，没有了星星，整个宇宙变得漆黑一团。

在漆黑的团雾中突然亮起一道刺眼的闪电，随后便电闪雷鸣，暴雨狂泼，转眼间江河四溢，恶水横流，大地一片汪洋。

汪洋中现出一个巨大的旋涡，旋涡里腾起缕缕白烟，白烟下突然蹿出一条巨蟒，张着血盆大口，吐着长长的舌芯，直向秦王扑来。

“快来救驾！快来救驾！”

秦王一边喊，一边抱起身边一枚黑色的铁球，欲砸向扑面而来的大蟒，却怎么也提不起来。

十多名近侍闻声赶来，见秦王赤身裸体，汗流满面，双手紧紧抱着一名侍女的头，侍女吓得面色惨白，瑟瑟发抖。

噩梦中醒来的秦王稍定了一下心神，宫女忙为其披上龙袍。

“快请丞相！”

秦王话音刚落，内侍已引领丞相来到。

原来，丞相也做了一个相似的噩梦，噩梦醒来，夜观天象，发现天空中有流星落地。

丞相反复推算，这颗流星已转世于人间，将来必对秦朝皇权产生毁灭性的打击。

出了一身冷汗的丞相连夜赶到皇宫，正遇上秦王召见。

君臣相见，已顾不得平时的礼节。秦王给丞相赐座后，自己披衣坐在龙床上，将刚才的梦境给丞相说了一遍。

“此乃凶兆，如处理不当，今后必成大患。”丞相忧心忡忡。

“卿可有良方救之?”

“据我推算，此星已转投于沛、丰（今江苏省沛县、山东省丰县）两地农家，要绝后患，唯有斩草除根。”

“此事任卿为之，唯以大秦帝业为重。”

丞相领了见机处之的圣旨，连夜在御林军中挑选了五千精兵，第二天一早，便杀气腾腾地奔向沛、丰。

沛、丰两县同时贴出告示：凡百天以来怀孕的妇女，经检查属实，给予重金补贴。

许多孕妇闻信后，喜滋滋赶往县衙，结果是一个个满怀希望进去，没有一人出来。

消息传出后，再无人敢前往县衙领赏。已怀孕的妇女纷纷躲藏起来。

于是，丞相带来的五千精兵，分成若干个行动小组，在沛、丰两地开始了逐村、逐户的拉网式排查。只要见到刚出生的婴儿，已怀孕或有怀孕嫌疑的妇女，统统带走，从此再不知去向。

从此，沛、丰两地尘烟四起，哭喊声此起彼伏，人心惶惶，许多人有家不敢回。

第二章　凤凰衔露救龙子　马抬前蹄护刘季

在此次动乱中受难的还有刘媪。

刘媪姓温，自幼聪颖，长相姣美。成年后被父母许配给沛县城西一个小乡村的刘氏后生。从此人称刘媪。

她在刘家连生二子，因家境贫寒，虽扯大带小，仍要带着孩子到田里劳作。

一次干罢农活回家，路过村前水塘，便蹲在塘边洗脸。手刚插进塘水里，便听“轰隆”一声响，从水里跳出一条大蟒，刘媪当即吓昏过去。

在家的丈夫看天色低沉，要下大雨，便带了雨具急忙走向刘媪劳作的田间。在塘边看到已昏过去的妻子，便冒雨将其背回家中。

时间不长，刘媪便感觉又怀身孕，联想起那天水塘遇大蟒的经历，担心自己被蛇精所害，怀了怪胎，经常提心吊胆。

她天天掰着手指算时间，眼看就要临盆，偏在此时听到去县衙领赏的孕妇被杀、官兵已开始搜拿怀孕妇女的噩耗。

刘媪不敢停留，在丈夫的帮助下连夜躲进村后土丘上的密林荆棘丛中。

一开始每天还可以得到丈夫送来的干馍冷水。后来官兵围了村庄，日夜盘查，使丈夫失去了给她送饭的机会。

丈夫进不来，她也不敢出去，连续几天汤水没进，刘媪连吓带饿，已奄奄一息。

昏迷中她突感有甜甜的、温温的、黏黏的汁液进入自己口中，便本能地吞下肚去，连吞几口，神志已清，睁眼一看，竟是一只凤凰在喂她甘露，不由喜出望外。

从此以后，每当她饥饿时，这只凤凰便准时飞来喂她。

几天过去，围村的官兵已撤走，丈夫心急火燎地赶来，两人抱头痛哭。

恰在此时，刘媪感觉一阵腹痛，不一会儿，一个新的生命便降生在荆棘丛中。回想其自怀孕以来的担心、害怕、痛苦，夫妻俩便给孩子取名为“悸”。后因其在兄弟中排行老三，便改称“刘季”。

刘季被抱回自家茅草屋内刚满 20 天，又遇官兵来查。刘媪急忙抱起儿子，慌慌张张逃向村外。

逃离村庄不久，刘媪发现官兵已向她这个方向追来。

此时她正处旷野之中，四面视野开阔，逃肯定逃不了，躲又无处躲。眼看大难将临，刘媪见一个老汉正赶着一匹瘦马犁地，情急之下，便抱着孩子躺在老汉刚犁起的地墒沟里。老汉已明白她的用意，紧赶瘦马，快走几步，将浅浅的新土翻压在她母子身上。待官兵追来，瘦马正好停在母子俩卧身之处。

官兵问老汉：“刚才有一抱孩子的妇女逃到这里，可知去向?”

老汉一边点燃一锅自带的旱烟慢悠悠吸着，一边漫不经心地说：“我只顾犁地，没看到有人从此经过。”

领头者便命所有官兵用随身带的长矛，将刚犁过的土地插了一遍，没发现疑点，且天色已晚，才集体撤走。

待官兵走远，老汉满怀担心地到马下探视究竟，母子二人竟安然无恙。

原来，母子二人均躺在马下，官兵铁矛并未插到。母子二人的脸贴在一起，脸上并无土块，那瘦马抬起的一只前蹄，正好遮挡住她们的脸部，既躲过了官兵，又保证了正常的呼吸，才没有受到伤害（现在的马在休息时多抬起一只前蹄，据说就是从那时养成的习惯）。

刘媪谢了老汉，同丈夫一起连夜逃往微山湖，躲进深深的芦苇荡，才躲过官兵的追捕。

第三章　云龙湖上荡龙舟　翠竹林下立大志

这年三月，春暖花开时节，不甘寂寞的秦王带着三宫六院，嫔妃佳人，众多随从，乘龙车，坐凤辇，浩浩荡荡，乘兴东游。

这天，天高气爽，彭城南部的云龙山上，绿叶吐翠，百花争艳，阵阵春风携带着花的清香，轻轻拂过云龙湖湖面，卷起层层涟漪，吸引来一群群水鸟。这些水鸟有的腾云高歌；有的从十几米的高空一头扎进水里，又从离入水处几十米远的地方欢快地游出水面；还有一对对水鸟追逐在清清的水面上，雄鸟先是献殷勤似的轻啄雌鸟的羽毛，在得到雌鸟默许后便大胆爬上雌鸟的背部，在众目睽睽之下，尽享鱼水之欢。

最引人注目的是湖北岸自西向东，一字排开的 9 艘龙舟，中间的龙舟最高、最大、最华丽、最气派。每艘龙舟上都插立着多面五颜六色的龙凤旗，船板上遍铺红地毯，四周站满持枪佩剑、满脸杀气的兵丁。中间那艘大船上，一大早便站满了身穿各色朝服的文官武将。这些人的北面，高高耸立着一把龙椅，龙椅上罩着一顶九龙盘旋、珠宝镶嵌、彩穗飘舞的云伞。其他龙舟上则站满了身着艳服、浑身珠光宝气的各色美女佳丽。

随着“吾王驾到”的一声呐喊，岸上鼓乐四起，大船上的文武官员，其他各船上的兵丁美女，全部齐刷刷跪在船板上，连一个敢抬脸左顾右盼的都没有。

先从龙舟内走出 12 个身高体壮、虎背熊腰、身佩宝剑的内侍。又走出 6 个美艳绝伦的宫女。最后才走出身穿龙袍，头戴龙冠，足蹬龙靴的秦王。

秦王坐进龙椅，“万岁！万岁！万万岁!”之声震动龙舟，震飞了湖面上嬉戏的水鸟，连云龙山上的青松翠柏似乎也受到了冲击，相继发出“沙沙”之声。

接下来便是美女献舞，湖面赛舟，君臣把盏，祭天敬地。真乃是艳容俏色迷人眼，笙歌天音醉难还。

这一热闹、隆重的场面，全部被躲在云龙山上，翠竹林下的刘季父子看得一清二楚。

他们昨天得到秦王东游并于今天畅享云龙湖风光的消息，便连夜赶到云龙山上，选了个最佳的观赏位置，在翠竹林下等了一夜。

看到眼前如此排场、气派的场景，特别是看到秦王高高在上，万人膜拜的场面，早使小小的刘季内心受到巨大撞击，在心灵深处腾起千尺波浪。不由脱口而出：“等我长大后，也要当秦始皇!”

一句话吓得刘父面色煞白，急忙一手捂住刘季的嘴，一手拽着刘季的手，匆忙逃离云龙山，赶回沛县。

第四章　刘季月下升大帐　曹女投怀送童贞

初夏的傍晚，圆圆的明月含笑洒下万道银光。阵阵微风吹来，一穗穗就要成熟的小麦摇头晃脑、交头接耳。此起彼伏的蛙鸣，使贫穷的乡村之夜充满了诗情画意。

在沛县西部乡村的一处打麦场里，刘季正指挥几个小伙伴，将三个石磙垒成“品”字形。

垒好以后，刘季坐在最上面的石磙上，面向几个小伙伴：“今天，这打麦场就是金銮殿，这石磙就是龙椅，我就是皇帝，你们都是大臣，要向我参拜。”

这些孩子都是平时和刘季玩得最好的，由于刘季个子大，点子多，平时大家听从他的指挥已形成习惯。他今天讲的这游戏办法也蛮新鲜、刺激，便纷纷点头答应。

刘季见众人接受了自己的意见，便从石磙上跳下来，分别对几个孩子说，“你当太监”，“你们几个当文官”，“你们几个当武将”，随后又一一做了交代。

于是，“文武官员”分别站在石磙前，分列两边，“太监”站在石磙一侧。

“太监”高喊一声：“吾王驾到！”

刘季从石磙后面大摇大摆走到石磙前，“文官武将”同时下跪，高呼：“吾王万岁！万岁！万万岁！”

刘季坐到石磙上：“众爱卿平身。”

“文官武将”同时站起，面向刘季。

“众爱卿有何本奏?”

“我想当丞相。”孩子甲说。

“准奏。”刘季斩钉截铁。

“我想吃烤红薯。”孩子乙说。

“准奏，明天同吃。”

“我想穿新裤子。”孩子丙说。

“这事准了，找你娘要去吧。”刘季仍是一脸严肃状。

“我想吃俺嫂子的蜜蜜。”孩子丁话没说完已笑成一团。

“不可，那蜜蜜要留给你哥哥吃。”

“我想给皇上选个娘娘。”孩子戊很认真地说。

“夜黑人静，哪有美女，以后再议。”刘季话音刚落，几个孩子同时笑出声来，他顺着孩子们的目光向左侧一看，真有一个亭亭玉立，俊俏苗条的女子站在一边。

此人是本村曹姓女孩，刚才有事从这里经过，看到几个男孩子玩得有趣，便停下来驻足观看，却被几个孩子有意拉进了游戏里。

刘季见状，便顺水推舟:“请问这位美人，你可愿做我娘娘?”

曹女闻言欲跑，早被几个孩子强拉硬拽，拖到刘季面前。

刘季说:“请娘娘上座。”

几个孩子不由分说，强行把曹女驾到刘季坐的石磙上，同刘季挤坐在一起。

刘季又问:“众爱卿还有何本奏?”

“请皇上抱抱娘娘。”孩子乙说。

刘季顺势抱了曹女一下。只这一抱，刘季全身便有了不同寻常的感觉。

众孩子嬉笑一阵后，孩子甲又说:“请皇上亲亲娘娘。”

刘季虽心中暗喜，但毕竟没做过这等事，情面上也放不开，迟迟没有动作。

几个孩子见状，大胆地冲向前去，抱着曹女，拽着刘季，强行将两个人的脸靠在一起，嘴贴在一起。

大家尽心嬉闹一阵，看看天色已晚，便恋恋不舍地各自向家中走去。

刘季走到去自家的岔路口，正欲转身，却感觉被人拽了一下。

刘季回头，见是曹女，不由得喜出望外。

两人已明白各自的心思，刘季在前，曹女在后，转身走到村头的一个麦草垛旁……

从此以后，二人常寻找机会，滚作一团。时间不长，曹女便怀了身孕。

曹父知道后，为了家族的体面，便托人说媒，强行将曹女远嫁他乡，分开了这对野鸳鸯。

（刘季一直惦念这段乡野初恋，在后来的戎马征战中仍多次打探曹女的情况。当了皇帝后，不顾吕后与众大臣的反对，将曹女所生孩子同其他王子一样认子封王。）

第五章　息械斗刘樊结义　助刘季老鼋受伤

这天，刘季同几个伙伴一起在沛县街上闲耍，远远望见前面不远处黑压压聚拢着一群人。

走近一看，见三个身强体壮，人高马大的青年每人手拿一根长棍，围着一个黑大汉。

这黑大汉膀宽腰粗，黑发蓬松，两眼大如铜铃，光着上身，从脸上到前胸能看到的地方都长着密密麻麻的黑毛。他手持菜刀，毫不示弱地同三个手持长棍的人对峙，理论。

听了他们的争吵，刘季才弄清楚：原来那被围的黑大汉姓樊名哙，昨晚夜归时被一恶犬追赶，眼看就要被长得又壮又大的恶狗咬伤，他便不顾一切地挥拳砸去，谁知这一拳正砸在狗的脑门上，狗当场死亡。他便一不做二不休，拖进家剥了皮，煮了一锅肉味鲜美的狗肉。吃饱喝足后倒头便睡，中午才被这几个汉子推醒，他们指着院里的黑狗皮，指责樊哙偷杀了他们的狗，要向樊哙问罪。

听明白以后，刘季对身边的一个同伙耳语了一下，便带着几个同伴走到双方交战中间，问那三位汉子："你们怎知道樊哙杀的是你们家的狗？"

"狗皮就在他院里，还怕他要赖？"其中一个汉子怒气冲冲地说。

"你家狗是什么样子？"

"浑身黑毛。"那汉子理直气壮。

“有白毛吗?”

“没有。”汉子斩钉截铁。

“可有其他特征?”

“没有。”

“那狗皮如同你说的不符咋办?”

“我们再不找他。”

刘季向人群外瞟了一眼，见刚才离去的那个同伴向他点了一下头。便领着三个汉子和围观众人走进樊哙院内。

院内地上果然有一张狗皮，刘季提起狗皮抖开，见狗皮上的狗毛黑白相间，黑多白少，并且左耳只有半只耳朵。

围观众人见状，纷纷指责那三人错怪了樊哙。

三个汉子自感理屈，又见刘季身边几个人个个都不是等闲之辈，只得偃旗息鼓，自动退了出去。

众人走后，刘季将同来的几个人一一介绍给樊哙。此时的樊哙已知是刘季在狗皮上做了手脚，帮自己争回了面子，便千恩万谢，请刘季等人吃狗肉、喝酒。

席间双方谈得投机，樊哙主动提出同刘季结为异姓兄弟，拜刘季为大哥。

从此樊哙便在沛县街上开了一家狗肉铺子，由于有刘季等人经常光顾，生意红红火火。

但好景不长，由于没钱的刘季经常带人吃他的狗肉，却很少给钱，使樊哙的生意常常断了本钱。

碍于结拜弟兄的情面，樊哙既不便向刘季讨账，也不好意思不给刘季吃狗肉。万般无奈之下，粗中有细的樊哙，便悄悄将自己的狗肉铺迁移到沛县城南一处湖中心的小岛上，并拆去了岛内唯一通向岸上的小路。暗里告诉那些常吃他狗肉的人，想吃狗肉时来到岸边，击掌三下，便会有人用小船将狗肉送到。

好久吃不到狗肉的刘季经多方打听，终于了解到樊哙的狗肉铺已迁到小岛上，便找到湖边，因通向岛内的小路被拆，隔湖高喊，对岸又无人回应。急得刘季在湖边冒着烈日转悠了半天。

天至中午，正在刘季无计可施时，却见湖水里浮出一只非常大的老鼋，并频频向他点头。

刘季喜出望外，急忙站到老鼋背上，被老鼋带至岛边。

樊哙见状，口喊："大哥！"手提菜刀，含笑来迎刘季。在刘季走向狗肉铺时，樊哙则躲在后面，向正待离去的老鼋狠切了一刀。

这一刀正切在老鼋的边裙上，把老鼋的裙肉切下一块，由于樊哙用力过猛，这块鼋肉竟飞起好远，落进樊哙正在煮狗肉的锅内。

樊哙陪刘季闲聊一会，便从锅里捞出狗肉，并摆上自制烧酒。

刘季猛吃了一口狗肉，感觉此时的狗肉味道胜过往日，便连声夸奖，樊哙闻言，自己也吃了一块，感觉其味道的确与往日不同。

刘季走后，樊哙反复回忆本次煮狗肉的用料、工艺，感觉与以前并无差别。猛想起那块老鼋裙肉落进锅内的场景，眼前猛然一亮。

第二天，樊哙在煮制狗肉时，特意放进少量的鼋肉。煮出来的狗肉又香、又嫩、又烂。吃过他狗肉的人，一致叫好。樊哙的狗肉生意从此更加兴旺。

（后来，樊哙将这一技艺传给其子孙，便形成了沛县鼋汁狗肉的独有特色，并代代相传至今。）

樊哙从刘季为其解围和老鼋主动驮其过湖的回忆中，深信刘季绝非常人。从此对刘季更是百依百顺。

第六章　萧何观相赠银两　刘季街头救戚童

凤凰吐露，马抬前蹄，老鼋相助，一系列听母亲念叨和自己亲历的奇事，触动了刘季的神经。如今年过30岁，仍一事无成，他不知接下来的道路应该如何走，总想找个人问个究竟。

这天刘季一个人在街上闲逛，看到街边有一卦摊，算卦之人是一穿着干净，长相清秀的年轻人，便主动走了过去。

算卦人让他报了姓名、生辰，仔细看了他的五官长相，然后默默思考良久，其面部表情便由傲慢转为惊奇，由惊奇转为兴奋，由兴奋又转为尊敬。然后毕恭毕敬地说："今天遇到你算我今生有幸，你身怀治国安邦之重任。只是目前时机尚未成熟，你还要耐心等待。只需怀大志，做好事，结人缘，今后必成大事。"

刘季被他几句话说得热血沸腾，忙向腰间搜去，摸遍了身上所有地方，仅找出几文小钱，便很不好意思地递了过去，嘴里连说："囊中羞涩，请您谅解。"

算卦人站起身子掏出自身所带银两，全部递给刘季："我知道你现在日子艰难，我也是进项寥寥之人，不能帮你大忙，这点钱不要嫌少，请暂且收下。"

刘季坚辞不受，算卦人恳切地说："我叫萧何，虽无大才，略通文墨，粗晓八卦，今后用得到我时，尽请召唤。此钱不收，就是瞧不起我。也可能从此断了咱俩的缘分。"

刘季听萧何如此说，也不便再推辞，很不情愿地收了起来。见萧何似还有话要说，便诚恳地道：“你是我此生遇到的贵人，有什么吩咐尽管直说。”

萧何又暗自忖度一回，便说：“你今后要成大事，刘季这名字略显俗套，也不利于你自立大志，还是改叫刘邦为好。从此你如能天天想着为国为民效力，治国安邦，必能如愿。”

刘季觉得萧何说得有理，便点头答应。

别了萧何后，刘邦满怀喜悦地往家走。

行至街头，却遇见一老者带着一个八九岁的小女孩站在街边。老人满脸痛苦状。小女孩脸挂泪斑，头上插着稻草。刘邦便主动上前询问。

老者说：“我家原在定陶，因生活所迫，逃荒至此地。这是我孙女，我年老体衰，她娘是个残疾人，一家人就靠她爹，现在她爹又得重病，无钱医治，只有卖这闺女，暂渡眼下的难关。”

刘邦仔细看这女孩，虽穿着破烂，蓬头垢面，模样倒也标志，特别是那一对大眼睛，清如深潭，格外好看。听老人说了家中的境遇，便动了怜悯之心，毫不犹豫地将刚才萧何所赠银两全部交给了老者，并说：“这些钱给你，这孩子你也带回家，孩子还小，不能离开爹娘。快给你儿子治病去吧。”

老人闻言，拉着孙女同时跪下，连磕三个响头，抬脸含泪说：“我姓戚，请问恩人大名，日后孙女做牛做马也要报答您的大恩大德。”

“我叫刘邦，以后如能帮上你们，我还会尽力的。”

（双方所言，后来都有应验。刘邦再同戚女相见，戚女便成了刘邦的戚夫人。）

第七章　惩恶徒夜夜闹鬼　改前非浪子回头

沛县城内泗水亭街上，有一恶徒。这家伙年近 30 岁，仍没娶上媳妇。常年游手好闲，调戏妇女，戏谑儿童，偷鸡摸狗。有一次带着几个狐朋狗友到其大哥家蹭饭吃，嫂子慢待了一会儿，便当着嫂子和两个侄女的面脱光了衣服，滚在地上撒泼耍赖。其父知道后前去制止，被他一把推进粪坑里，险些送了性命。整个泗水亭街上被他搅闹得鸡犬不宁。年轻女性天一黑便不敢出门，饲养猪、羊的人家，天一黑也要将猪、羊牵进人住的屋里。

万般无奈之下，泗水亭街上的几个长者听说刘邦为人仗义，身边又有几个膀大腰粗的好友，便将其请来商量。

刘邦听了长者的介绍，问清那恶徒的起居规律。便说："请各位长者放心，我尽力办好这事。"

过了两天，那恶徒刚刚睡下，便听门外传来"呱呱呱"的奇怪声音，他壮着胆子到窗前一看，院内有一个八九尺高，身穿白袍的怪物，长长的毛发拖地，两只眼亮如灯笼，向外凸起，放着凶光，一条又长、又厚、鲜红鲜红的大舌头在嘴外卷来卷去，白袍被风吹开处，一根根骨头都看得清清楚楚……

不看还罢，一看早把他吓得屁滚尿流，浑身像筛糠一样瘫软在床上。

过了很长时间，这恶徒刚缓和一下，又听房顶上响起"咯吱咯吱"的踩瓦声，并同时传来另一种怪叫声。

连续几夜，这恶徒都没能睡觉，早已精疲力竭。只好叫来他的几个狐朋狗友商量，几个家伙便给他壮胆：“不要怕，今晚我们几个都来，那怪物再来，我们点火把他烧了。”

当天夜晚，在一起说大话的几个人只来了两个，三个人简单吃了点东西，听听没有动静，正想上床睡觉，便听院内响起“扑扑通通”杂乱的声音，三个人战战兢兢挪动到窗前向外一看，房外面白衣的、红衣的、黑衣的、没脸的、半拉头的、没头的各种怪物你来我往，个个张牙舞爪，狂吼怪叫。

三个人早没了白天说话时的胆量，抱在一起，抖作一团。

一夜没睡，天亮后三个人一起去求街上的长者，长者听他们说了情况，已知是刘邦暗中安排。便严肃地对他们说：“这都是你们平时胡作非为，上天派厉鬼来惩罚你们，再不悔改，定会拿你们到阴曹地府受刑！”

三个人听了更加害怕，忙求长者帮助。

长者说：“这事我也说不好，城南的刘邦，湖里的老鼋都主动带他渡湖，定是奇人，你们可问他有没有破解的办法。”

三个人急急忙忙找到刘邦。刘邦对他们说：“你们几个品行不端，做了许多坏事，犯了众怒。长此下去，上天不惩罚你们，兔子急了都咬人，受你们伤害的人中，有一个人气急了，都会暗中要了你们的性命，让你们死都不知道怎么死的。”

说到这里，刘邦看他们更加害怕，便缓和了一下语气说：“但你们几个毕竟年少无知，这些厉鬼没直接拿你们去问罪，就是给你们留一条后路，只要你们知错改错，主动向以前被你们伤害过的人赔礼认错，以后不再做坏事，事情便会过去。”

三个人千恩万谢，立即向以前被伤害过的人逐个登门道歉。从此再不敢胡作非为，扰乱百姓。

这件事以后，当地百姓更加敬重刘邦。

那恶徒从此再也没受到鬼怪的惊吓，对刘邦佩服得五体投地。只要刘邦有安排，上刀山下火海他眉头都不皱。刘邦揭竿起义后，他追随刘邦，在刘邦军中也做了个小官。

第八章　刘邦狂言得佳偶　吕雉初欢定终身

沛县令的朋友吕太公，原住在丰县，因与人闹矛盾，便接受沛县令的安排，举家迁到沛县一个叫花亭的地方居住。

听说沛县令的老朋友来沛县定居，沛县令的下属和乡间士绅，便结伴到花亭致贺。

在沛县已小有名气的刘邦，应乡绅之约一同前往。

为吕太公操办喜筵的士绅平时便常同刘邦戏耍，他见刘邦前来，知刘邦拿不出太多银两，便面向刘邦高喊："贺礼在千金以上的请到客厅入席，千金以下的在院外就座！"

其实，院外并未设筵席桌椅。

刘邦知这乡绅在挑逗自己，并不示弱，便站在院内大声说：

"我送贺礼一万金！"

吕太公闻听，以为是重要官员或绅士驾临，急忙从室内出来迎了上去。

吕太公本略通周易，善与人看相，一见刘邦，顿觉眼前一亮，忙请刘邦入主席就座。

席间，吕太公主动与刘邦攀谈，察言观色，认定刘邦日后必成大器。当得知刘邦尚未成婚时，便潜进内室，让其女暗窥刘邦。

吕女名雉，年方 20 岁。在吕太公的安排下，从内室帘后看到刘邦两眉高挑，二目如炬，鼻头高挺，美鬓黑亮，一见就有似曾相识，相见恨晚的感觉，便带羞含笑，向太公点了点头。

吕太公大喜。酒席散后便留下刘邦，让其同吕雉见面。

此时的刘邦已 30 多岁，见了还算漂亮且小自己十多岁的吕雉，当然心旌飘然，二目放光。双方皆大欢喜，当场约定了婚事。

洞房之夜，吕雉两眼盯紧刘邦，认真地问：“你今后能对我好吗?”吕雉又问。

“一定对你好。”

“那你能对我好一辈子吗?”吕雉再问。

“我若背叛你，天地不容。”

事毕，刘邦搂着吕雉，已知这女人绝非等闲之辈。

（就是这一句承诺，左右了刘邦一生。在以后的岁月中，刘邦、吕雉时分时合，其间刘邦也喜欢过多个女人，续娶了多位夫人，但始终未敢背弃初欢时的这句诺言。始终对吕雉护之、敬之，一直未动摇吕雉原配夫人的地位。）

第九章　县令为父设寿筵　吕萧联手荐刘邦

沛县令的父亲七十大寿，已经做了沛县主簿的萧何亲自操办，包下沛县最好的饭馆，宴请全县乡绅和县令的好友、故交。

当天，群贤齐至，笙鼓齐鸣，既热闹体面，又为县令收敛了大把的银两。县令满怀喜悦地同其寿星父亲、萧何、吕太公等坐在首席。其他宾客另席就座。

推杯送盏期间，萧何、吕太公等对县令孝敬老人的美德，主政沛县以来为百姓所做的好事、善事，东挑西拣，添枝加叶地大加赞赏。说得老寿星笑口难合，县令心花盛开，如腾云驾雾一般。

席间，另桌就座的刘邦根据吕太公事先的安排到主席敬酒。

刘邦刚到，萧何便站起身向县令介绍："这位就是吕太公的爱婿刘邦。"

县令上下打量刘邦后说："早就听说吕太公的女婿息械斗，惩恶徒，救戚童的故事，今天一见，果然是一条好汉。"

刘邦一面说着："多谢县令高抬。"一面斟满两杯酒，先自己喝了一杯，又把另一杯里的酒倒进自己杯中一半以上，端着另一杯酒毕恭毕敬地走到县令父亲跟前："小辈祝您老人家福如东海，寿比南山。"说后又将自己杯中酒一饮而尽。

县令父亲破例站起来，毫不犹豫地将刘邦递来的酒一口喝掉。

刘邦又走到县令跟前，先斟满自己杯中酒，非常诚恳地说："沛县父老托您的福，这几年安居乐业，吃喝无忧，我先替沛县父老敬您一杯。"说完独自喝净了杯中酒。

刘邦又将自己杯中酒斟满，看了一眼吕太公说：“泰山大人到沛县以来，全仗您多方照顾，作为晚辈，我谢您一杯。”说完又一口喝掉。

刘邦再次斟满自己杯中酒，给县令杯中斟了六成酒，然后将县令的酒杯双手端起：“刘邦不才，只要您有什么吩咐，晚辈一定依令而行，万死不辞。”

县令见刘邦如此豪气，也急忙站起，接过酒杯同刘邦碰了一下，两人同时饮尽。

接下来，刘邦又依次给其他人敬了酒。

刘邦离席后，县令父亲一把抓起吕太公的手说：“你找了一个好女婿，此子日后定有作为。”

吕太公趁势望着县令说：“小婿有无作为，还要看您如何栽培。”

萧何忙附和说：“令公求才若渴，刘邦这样的人才，不会长期闲置的。”

县令忙说：“对、对，以后如有职缺，刘邦可以任之。”

县令话音刚落，五大三粗的樊哙便端着一盘热腾腾的狗肉闯了进来，嘴里则说着：“泗水亭长已空缺这么长时间，何不让我大哥去试试？”

这樊哙虽然外表粗悍，但内心却很细，平时由于他的狗肉质量好，常同县衙里的人有接触，许多当差的都熟。刚才，已在门外听了多时，听完县令的话，便推门而入。将一盘上等狗肉放到桌中间，自己则站得直直的望着县令。

吕太公、萧何等人此时也把期待的目光投向县令。

县令父亲则盯着县令说：“这大汉说得有理，那刘邦可先任泗水亭长。”

县令已被众人逼到墙角，为不影响寿筵气氛，只得端起酒杯，示众人同时端杯，嘴中说：“也好！也好！”

吕太公闻言忙端杯站起，分别同县令父亲、县令、萧何、樊哙等人碰了杯：“我替小婿先谢各位了！”然后一口饮尽。

第二天，吕太公便邀着萧何去找县令。

县令已知他们的来意，便顺水推舟，安排让刘邦到泗水亭任亭长。

第十章　抬“木牛”暴雨让道　修石街富商捐资

连续多天淫雨绵绵，泗水亭许多乡民的房内进水，有的房屋被雨水淋塌，住进临时搭建的草棚里。

雨水刚停，泗水亭长刘邦便邀请几位长老一起，逐户了解灾情，安排乡民间的自救和互助。

走到长亭街时，刘邦发现这条泗水亭内的主要街道，也是进出泗水亭的主要通道，坑洼相连，积水成片，已很难看到街面原来的模样。人们在这条街上深一脚浅一脚地行走，稍不留意踏进较深的积水坑内，卷起的裤子便全部浸进了水里。

几个人挑选积水稍浅的地方正摸索前行，看见从东面推来几辆“木牛”（木制的独轮小车）。走着走着，前面的一辆不留神连车带推车人全部陷进水坑里，后面的几个人忙停车赶来帮忙，但因车重人少，费了很大劲仍没推出水坑。

刘邦忙招呼众人，赶过去将车用力抬出水坑。

刘邦等人推着“木牛”正要前行，突然“咔嚓嚓”一声惊雷，瓢泼似的大雨带着“呼呼”的响声从南面压了过来。

刘邦抬头高喝：“老天爷，给俺留条路吧！”刘邦的本意原是这雨再接着下，乡邻们怎么生活呀。

谁知，他这一声大喊后，“哗哗”的暴雨压过来以后，真的在他们推车的路线上留下一条路，两边暴雨如注，他们推车走到哪里，哪里竟一点雨水没有。

他们将牛车推进车主的小院，已然雨过天晴，几位长老带着几分惊异，忙向刘邦介绍“木牛”的主人。

原来此人是泗水亭人，从其父辈起便到彭城做生意，在彭城市内开了多处绸缎庄、珠宝店，是当地非常有名望的富商。因为女儿筹办婚事，在彭城置办了一批嫁妆，向家运时遇到了此场大雨。

那富商听说帮自己抬车，现已浑身泥泞的大汉是泗水亭长，非常感动，双手抓住刘邦，连声致谢。并说：“今后，我一定将我家门前这路用石块铺好。”

富商本意是自己出资铺好自家门前这段路，已了解这富商底细的刘邦趁机说：“您有这份心意，我代表泗水亭乡民先感谢您啦!”言毕，深深地向富商鞠了一躬。然后说：“但是，这么大的工程不能让你一个人负担。这样吧，你出买石料的钱，我动员亭内青壮民丁，负责石料拉运和石街铺设。石街铺好后，我为你刻立石碑，让泗水亭子子孙孙都铭记您的义举。”

刘邦将话说到这分上，又当着众长老的面，富商已不好再做推托，只好应允下来。

说干就干，在刘邦等人的组织下，泗水亭人日夜苦干40多天，便将一条平展、顺直的石街道修好了。

石街修成当天，泗水亭人几乎全体出动，全部赶到新修的石街上欢呼、庆贺，长长的街道上人如潮涌，锣鼓齐鸣。

当刘邦陪着县令、萧何等穿过新修的石街时，站在街两边的人纷纷指指点点，不时有人喊着：“刘邦！刘邦!”把赞许的语言和眼光全投向刘邦。

县令两眉间渐现不悦之色。

第十一章　现龙体众人膜拜　竹筐响共举义旗

这年，受沛县令派遣，泗水亭长刘邦率领200多名沛县民夫，前往骊山给秦王修建皇陵。

这个浩大的队伍刚进入砀山界，便下起了大雨。本指望雨过天晴后再加快赶路，谁知这场雨一会雷电交加，暴雨滂沱，一会细雨微荡，淅淅沥沥，竟无休无止地下个不停。

刘邦见天晴无望，只得紧催众人，雨稍缓时便冒雨赶路。怎奈砀永两地多为淤质土壤，连日阴雨，道路泥泞，一脚踩下去，费好大劲才能从深泥中拔出腿来，行路非常艰难。有时苦奔一天，一个个全身湿透，筋疲力尽，一算路程，才走出二三十里。许多人吃不了雨中赶路的苦，半途开了小差。

好不容易赶到永城的芒山集，一清点人数，仅剩七八十人；计算一下时间，就是从此每天日行百里，赶到骊山已误了秦朝规定的工期。

按照秦朝的律令，“延误皇室工期者，斩。”刘邦和众人一个个愁眉紧锁，忐忑不安。

夜宿芒山集的当天晚上，刘邦为缓和气氛，鼓舞士气，便命人到集上买了酒，和大家一起放开豪饮，以酒浇愁。

入夜，几个民夫为躲避到骊山后的杀身之祸，便欲结伴趁黑出逃，走至刘邦住的地方不经意向里一望，几个人全惊呆了，原来，在刘邦睡处，虽能听到刘邦平时睡觉时的打鼾声，却看不到刘邦的身影。只看到一条盘在一起似龙似蛇的怪物。联想起修长亭街时大雨为刘邦让道的怪事，大家认定刘邦绝非凡人，今后必成大事。便合计，不如追随刘邦，在此举旗造反，兴许今后还可以混个一官半职的。

几个人计议已定，便叫醒其他民夫，说起他们看到的怪象，说出他们的想法，得到大家的一致附和。所有民夫便一起跪在了刘邦休息的草棚外。

次日早起，刘邦起身看到这种状况，心里大感诧异。

这时一个民夫站起身对刘邦说："亭长，由于连日阴雨，我们已误了工期，现在算来，赶到骊山我们必死，退回沛县也难寻活路，不如效法南面的陈胜，你带领众弟兄在此反了吧！"

这几天刘邦已早有盘算，只是不知众心所向，不敢贸然决定。如今见大伙反心如此坚决，便说：

"从众弟兄随我出门之日起，我已抱定把大家完完整整带回沛县，交给你们妻儿的决心，怎奈天不作美，使我们延误了秦朝规定的工期。如今，我们进退都是死路一条，大家既有意冒死找一条活路，我刘邦感激不尽。只是，古今以来，凡成大事者，必顺天意，离开沛县，阴雨不止，已是苍天不让我们如期赶至骊山。今天我们想在芒砀起事，不知天意支持我们否？"

民夫甲站起说："不管是生是死，俺就把这100多斤（指自己的生命）交给您了，您说咋干咱就咋干。"

民夫乙说："南面的陈胜义旗一举，应者万千，攻州掠县，势如破竹，难道咱们就不能向秦朝讨要一片天地？"

刘邦见众人反心已定，便说："现在，我们找一个竹筐来，置于高竿之上，用木棍敲之，如有铜锣般的响声，便是天意佑我，可在此起事；若无响声，便是天不相助，我们由此散伙，各找生路。"

大伙听刘邦如此说，个个面面相觑，因为大家知道，竹筐无论如何是敲不出铜锣之声的。但碍于刘邦话已出口，最后只得照他的意思，找来一个竹筐，用一根木棍挑起，立在地上。然后，找来三根香立在泥土中点燃。大家围着高竿向天叩拜毕，便让人拿起另一根木棍，抬起脚去击打高竿上的竹筐。

击打人连举三次手，都没敢击中高竿上的竹筐，跪在地上的众人，更是一个个十五个吊桶打水——心里七上八下的。

额头上已经冒出汗珠的持棍人，在心里又祷告一番，屏住呼吸，闭上眼睛，终于将木棍击向竹筐。

只听“哐啷”一声，竹筐传出铜锣般清脆响亮的声音，这声音响彻山谷，惊飞远处树枝上的几只喜鹊。

跪在地上的人同时跃起，抱起刘邦欣喜若狂地反复向空中掷抛。

第十二章　芒砀山前斩白蛇　密云洞下募义军

刘邦在芒砀山前举起义旗后，便商定利用芒砀群山壑深林密，易躲易藏的优势，暂时隐蔽起来，一面招募兵丁，扩大队伍；一面观察形势，寻找发展机遇。

主意已定，刘邦便按照当地乡民的指引，率领70多人的队伍，奔向芒山主峰北侧的密云洞。

刚行至山坡下，忽然从草丛中蹿出一条一丈多长，身如木桶般粗细，通体白色的蟒蛇。这条蛇蹿至山路中间，蛇头高昂，亮如红灯的两眼闪闪发光，紧盯走在队伍前面的刘邦，频频点头。

刘邦因刚刚举起义旗，企求吉利，不忍杀生，意欲绕过巨蟒，从一侧过去。谁知那白色的大物对刘邦的宽容并不领情，刘邦绕向南它跳南阻拦，刘邦绕向北，它跳向北挡道。刘邦无奈，便顺手抽出腰间的佩剑，手起剑落之际，那白蛇竟说出人话："我乃白帝子，你若砍我，我必闹你，砍我头，闹你头；砍我尾，闹你尾。"

刘邦剑已举起，且是宣布起义后首动兵刃，怎敢伤了众弟兄的士气？便横下心来，怒目圆睁，手起剑落，从中间将白蛇斩为两段。

蛇身断时，"噗"的一声，两股鲜红的蛇血冲起五六尺高，落下时染红了一大片山土和山土上生长的野草。蛇的上半身竟腾空而起，停在七八尺高的地方高喊："刘邦，还命来！刘邦，还命来！"

刘邦收剑哈哈大笑："荒郊野外，如何还命，还是到了平地再说吧。"

刘邦话音刚落，蛇头便落在地上，化作一股白烟，飘然西去。

（当年刘邦斩蛇处，后来连年生长出一片鲜红色的茅草。后人在茅草旁立了块刘邦斩蛇碑。几经沧桑和政治风云变幻，斩蛇碑屡立屡毁，2000 多年后，人们再次立起"汉高祖斩蛇之处"碑，却发现在夜晚用灯光直射碑体时，正面可见刘邦当年按剑远视，英气勃发的雄姿。背面则可看到吕后手持花篮，欲歌欲舞的娇容。消息迅速传开，"古碑幻影，高祖再现"，遂成一景，被人们称为"千古奇观"。后人诗赞曰：

石碑一通载春秋，芒砀紫云冲斗牛。

三尺龙泉灵光现，百年汉室英名留。

威仪又驾灵光现，群贤竟来圣地游。

海阔天长多妙处，奇观千古独风流。

刘邦斩蛇时"到了平地再说"的一句戏言，后来也成为现实。刘邦创建的西汉王朝，传至汉平帝时，身为一国之君的刘衎竟被王莽害死，使整个汉朝 400 多年的帝业，从中间断裂，形成历史上的西、东两汉）。

斩蛇后，刘邦带队继续前行约一里路，又遇见一老妪在山间啼哭。一义军上前问老妪："为何在此哭泣？"

老妪含泪说："我儿白帝子，今听说赤帝子路过此地，便有意约赤帝子共同抗秦，建立帝业，竟被那赤帝子将我儿之身从中斩断，我儿迟早要报此仇。"言毕，化作一缕青烟而去。

众人闻言，联系发生在刘邦身上的一系列奇事，方知刘邦就是赤帝子，更加坚定了追随刘邦抗秦的信心。

到了密云洞，众人才发现这一天然山洞，外表隐蔽，内部空间宽敞，周围山势险峻，林木茂密，站在洞口，芒山北部数里内一草一木尽收眼底，如有交战，易守难攻，的确是一处好地方。便将洞内稍作清理，暂时安顿下来。

第十三章　吕雉寻夫望紫气　刘邦除恶赈饥民

刘邦义军在密云洞住下以后，白天，组织义军中略通武功者教大家习拳练武。入夜后，便分组到邻近村庄联络乡民，宣传抗秦主张。

一天，刘邦练功后正在洞内休息，忽见一义军领着夫人吕雉进来。

刘邦喜出望外，从石板上一跃而起，紧抓吕雉双手，连问："你是怎么找到这里来的?"

吕雉说："听外出返乡的乡亲说你在这里举起了义旗，我便从老家赶来。距此十多里，我看到这上空飘荡着一团紫气，就认定你必在这里，很容易就找到了。"

刘邦仔细看吕雉时，发现其衣衫破烂，面部还有点点灰迹，便问其原因。

吕雉说："快出砀山界时，我在一小店吃饭，店主人问我去哪里，我如实告诉他。他说：'你长得如此标致，又这身打扮，恐怕难过王山鬼门关。'我问他原因，他说王山有一恶霸，手下养了30多个打手，强占了周围数千亩良田，前后娶了13个媳妇，人送外号'王十三'。这恶霸并不满足，附近乡民中稍有姿色的姑娘，嫁人前必遭其强占。途经王山的外地女人，只要被王十三看上，没一个能顺利过山的。我只好听店主人的劝告，换了这身破烂衣服，并用店主人家的锅灰将脸涂抹，才有幸逃过王山之难，见到你。"

刘邦闻言，又联想到近日从附近乡民口中听到的哭诉，一个除民害、壮军威、筹军粮的计划便在心中形成了。

第二天，刘邦先做了一番安排，然后带着两名武功较好的义军，三个人全打扮成外地珠宝商人的模样，下山直奔王山王十三大院走去。

原来，这王十三除了爱女人外，还偏爱古玩、珠宝，家中收藏了大量的金石玉器。经常有外地珠宝商登门向其推介产品。

听说又有珠宝商登门，王十三便满脸含笑地将三人引进客厅。

尚未落座，两位义军已将其双手双剪，并低声说："我们是从密云洞下来的义军，你若不听吩咐，马上送你上西天。"说着，一位义军从腰中亮出一把明晃晃的短刀。

王十三平时作威作福，哪见过如此阵势，早吓得尿了一裤子，头像鸡啄米似的连说："好汉饶命！好汉饶命！"

刘邦说："饶命可以，快把你的家丁召集过来，我要给他们训话。"

王十三哪敢怠慢，急忙安排人传唤家丁，在客厅外集合。

坐在屋中的刘邦见门外已站了二三十人，估计家丁已基本到齐，这才向一名义军使了个眼色。

那义军手提一面铜锣走出客厅，连敲三声，马上便有70多名提刀掂棒的义军冲了进来，团团围住王十三的家丁。

正在众家丁手忙脚乱之际，刘邦三人押着王十三走出客厅，站在客厅外的台阶上。

刘邦向前一步，面对众家丁威严地说："我就是刘邦，因秦皇无道，滥施暴政，民不聊生，为给众乡亲寻找一条生存之道，在芒砀山前同众位弟兄一起举起了反秦大旗。"

"反秦以来，我们身居密云洞，受到芒山乡邻的多方关照，我们视芒山乡邻为父母，决心为芒山乡邻主持公道。"

"恶霸王十三，在这一带长期为非作歹，欺男霸女，祸害一方。今天，俺要为芒山乡邻讨取公道，剪除祸患，还芒山山水以清净。"

说毕，双手向下一按，一名义军从王十三背后猛刺一刀，直达心脏。王十三只晃了两下，便滚下了台阶。

众家丁见状，更加恐慌，欲四散逃跑，又见四面已围得铁桶一般，一个个义军都瞪着眼，举着棍，高扬刀。只能站在原地，抖作一团。

台阶上的刘邦扫了众家丁一眼，再次提高声音说：“王十三祸害一方，众弟兄都是受害者。今首恶已除，其他人不再追究。各位兄弟愿意回家的马上回家，愿意留在义军和俺一起干的，从今往后，咱们有福同享，有难同当。”

众家丁听到这里，如临大赦，一个个趴在地上，磕头谢恩。有 9 人要求留在义军，其余家丁便四散回家了。

打发了众家丁，刘邦便指挥众人，打开王十三的粮仓，除留一部分军粮外，其余粮食全部分发给当地饥民，并将多年来王十三强占的良田，还给原来的田主。

闻听喜讯的芒山人欢呼雀跃，奔走相告，许多家庭主动将家中的青壮男丁送到义军。两个多月的时间内，芒山的刘邦义军已发展到 300 多人。

（刘邦在长安建立西汉王朝后，当地人便将他当年曾居住的密云洞改称紫气岩，成为芒砀山游览观光线路上的一个著名景点。后人写诗以记之：

岩端紫气满晴空，缥渺云龙在望中。

万叠烟云余故国，双轮日月照新丰。

扫除秦楚威犹壮，压倒徐淮势尚雄。

喜犹贤侯开绛帐，弦歌多士坐春风。）

第十四章　避雨处前拜孔子　瓜草棚里问瓜农

一日，刘邦在一名义军的陪同下外出寻访，当走到密云洞西南一座小山前时，见一处石岩下有一洞穴，宽60余尺，进深约20尺。

正当两人围着山洞研讨其形成的原因时，走来一位70多岁的老人。未等刘邦询问，老人便指着山洞说：“你们不知道这山洞是如何形成的吧?”

刘邦忙向老人施礼，然后诚恳地问：“您老人家知道此洞来历?”

老人胸有成竹地说：“这洞是当年孔圣人路经此地时留下的。”

刘邦不解，再次非常诚恳地询问老人。

老人微微一笑，然后说：“很早以前，孔圣人周游讲学，传授‘仁义礼智信’的思想。走到这里，天突然下起大雨，当时，这里前不靠村，左右无店，眼看孔圣人和众弟子就要受淋，孔老夫子随意说了一句：‘此处能有个山洞就好了。’

“话音刚落，天上一道闪电，一声炸雷，这山‘轰隆隆’一声响，真的现出一个洞来。

“孔子忙带着众弟子躲进山洞，但由于人多洞小，还有的弟子仍在雨中。孔子便说：‘这洞再大一点才好。’又是‘轰隆隆’一声响，山洞又向里推进了七八尺。孔子和众弟子全挤进了洞里。

“雨过天晴后，孔圣人见部分竹简已被雨淋湿，便取出来放在洞前的这块石头上晾晒。

“孔子走后，这个洞无论外面下多大的雨，从未进过水。这块晒书的石头，一年四季从未见有过半点露珠。山里人觉得奇特，便管这座山叫夫子山，把这个洞叫夫子崖。把当年孔圣人曾晒过竹简的石头，叫‘晒书台’。”

刘邦毕恭毕敬地听完，非常赞许地对老人说：“您老人家了解得真多。”然后拉着那位义军。共同跪下身去，面向洞口拜了三拜。

老人听到刘邦夸奖，又见刘邦如此尊圣人，重礼节，一时兴起，硬拉着刘邦的手，把二人引进山前自家的瓜棚。

老人让二人坐在瓜棚内的小床上，自己走进瓜田，选了一个西瓜。搬进瓜棚后二话不说，用刀切开，一人先递给一块。

刘邦看老人如此热情，也不便推托，一边吃着甘甜的西瓜，一边同老人聊了起来：“您老人家刚才说，孔圣人主张仁义礼智信。仁怎么讲?”

老人也不推脱：“仁，就是爱，就是不做坏事。爱别人才能得到别人的爱。不做坏事，一生才能平安。”

刘邦一边点头，一边又问：“义又该如何解释?”

老人说：“义就是重情义，交朋友，朋友多了，凡事有人相帮相助，什么事都好办。义也是交心，只有你敬人一尺，才能获得人敬你一丈。”

刘邦又问：“那礼呢?”

老人点燃自己的烟锅，吸了一口，略有沉思地说：“礼应该是规矩。没有规矩不能成方圆。国家有了好的规矩，全体臣民都遵守，国家才能安稳。家庭有了好规矩，人人尊老爱幼，家庭才能和睦。如今，秦王先毁了规矩，强征暴敛，花天酒地，残害生灵，下面便不同意了。陈胜在南面反了，如今刘邦又在咱北面反了。长此下去，秦朝不垮才怪。”

刘邦再问：“何为智呢?”

老人说：“人生最大的智慧就是能识人，肯助人，会用人。”

老人停了一下，磕去烟锅里的烟灰，接着说：“能识人，就是一眼能看出一个人的真假、好坏。跟贤人交好友，远小人。我一眼便看出你的诚恳，也看出你将来能成大事，才愿意和你说这么多。

“肯助人，就是无论什么时候都要先为别人所想，先为别人为之，先解别人之急，平时你肯帮助别人，你身边的朋友就会多，你需要时定有人帮你。

“会用人，是说一个巴掌拍不响，到任何时候，任何人，都不可能单枪匹马包打天下。要人跟着你干，你就要有本事让跟着你干的人愿意干、乐意干。尺有所短，寸有所长，每个人不一定什么都会，每个人都有自己的强项，也有自己的短板。你不一定在任何方面比每个人都强，但只要你用对了别人的强项，某些方面比你强的人也乐意跟你干，你身边比你强的人多了，你自己更强了，不愁做不成大事。”

刘邦十分振奋，亲手为老人装了一锅烟，递与老人，并亲自为老人点燃。

等老人悠然自得地吸了一口烟，刘邦才说：“您老人家说得太好了。请您再说一下信的含义。”

“信，就是永城，永城人。”老人含笑盯着刘邦，满怀深意地说。

刘邦一头雾水，看着老人：“这话怎讲？”

“知道永城为什么叫永城吗？”

刘邦真诚地摇了摇头。

“那我好好地给你说道、说道。”

老人稍作停顿后接着说：“如今永城县城那地方，原来并不叫永城，而是叫马甫城。

“很早以前，马甫城地势低洼，咱这里年年降水又多，每年过了五月，便三天下一场（雨），五天下一场（雨）。有时候水下大了，马甫城成了水坑，城里人出门要坐木筏。马甫城里的房子年年建，年年毁。大水过后，墙倒屋塌，下大雨时，淹死一批人，房屋倒塌砸死一批人，大雨时良田被毁，粮食被淹，雨后家家断炊，人人缺粮，又饿死一大批人。城里城外，讨饭的成群结队，街路两边死尸相接，许多过路的客人，明明走马甫城路近，偏要绕开马甫城而行。

“死尸堆积，冤魂结伴，阴气冲天，上面的玉皇大帝感觉不对劲，便安排一名天神，到下界一探究竟。

“这位神仙装扮成一出游道士，鹤发童颜，乌帽青袍，手持羽扇，腰胯酒壶，边行、边看、边访。

“此时虽不是大灾期间，这道士一路走来，已看到一派萧条，田里苗二三，村民多菜色，卖儿卖女者接二连三，内心很不是滋味。

“当这位道士走进马甫城时，首次看到他下界以来的第一家酒店，便饶有兴趣地走过去。

“店主人见有客人前来，便主动上前招呼道士店内就座。

“道士并不进店，只在店门外一条长凳上坐下，从腰中掏出自带的酒壶，让店家沽壶酒来，并问：‘一壶酒多少钱?’

“店家一眼便看出他是远方来的客人，便说：‘您是游走四方的远客，难得到俺马甫城一次，这第一壶酒，俺送你品尝，分文不收，喝好了，下次再来，帮俺传传名，喝不好，俺愿意再送您一壶。’

“道士闻言，含笑对店家说：‘我只要这一壶酒，你可不要反悔啊!?’

“店家说：‘俺马甫人虽穷，但穷得有骨气，别说一壶酒，就是一壶金子，俺说过送你，绝不食言。’

“说罢便接过酒壶，为道士沽酒。

“谁知店家将一瓢酒倒下去，酒壶里竟感觉分量很轻，两瓢、三瓢倒下去，酒壶仍没有沉的感觉。将整整一坛酒全部倒进去，酒壶内仍空间很大。

“此时，店家已知今天遇到了高人，头上早沁出豆大的汗珠，用眼的余光偷看一下，见那道士正悠闲自得地四处眺望。

“店家无奈，只得叫来店小二，将自家仅有的三坛酒全部灌进酒壶。

“店家摇晃了一下，酒壶并未装满，他满身大汗地在自家酒店里转了两圈，最后一跺脚，拿出店内全部银两，安排店小二再去别家店买酒。

“这时，道士含笑走了过来：‘店家，一句玩笑话，何必当真。’说着拿出一锭银子，让店家按实际沽酒量收钱。

“店主人涨红了脸，一边说：‘大男人说话绝不反悔。’一边再次安排店小二去别处买酒。并对道士说：‘俺既然答应送您一壶酒，就是倾家荡产，也要把您的酒壶装满。’

“道士叫住店小二，从店家手里接过酒壶，轻轻一摇，说：‘酒家，酒壶已经装满了。’

“店家再看那酒壶时，酒真的装满了，方缓过气来。急忙更加热情地邀请道士进店内饮酒。”

说到这里，老人停了下来，自己又装了一锅烟。

刘邦急问：“那后来呢?”

老人吃了块西瓜后才接着说："两个人共饮至深夜，那道士似醉非醉间从怀里掏出一块土黄色的东西，对店主人说："贵地人穷心善，诚实守信，不该受连年水患之苦，这是一块山根，请你在半夜子时，把它埋在城中地下三尺的地方，再浇灌一桶至清之水。"说毕，鼾声大作。

半夜子时，店主人按道士的吩咐小心做好，回到店里，却不见了道士的踪影。却见酒桌上用两根金条压着一张纸，纸上写的是：

天知马甫灾情重，

我知马甫人重情。

倾家也送一壶酒，

谁比马甫人永诚？

第二天一早，马甫人惊奇地发现，整个马甫城已高高隆起，像是建在了山包上。从此以后，每年无论雨水多大，马甫城再没遭受过水灾。

当人们听了店家的介绍后，方知是上天护佑马甫人，便根据道士"谁比马甫人永诚"的诗句，将马甫城改称永诚。后来，又将诚信的诚改为城市的城。

老人说完，刘邦急忙站起，深深地给老人鞠了一躬："谢谢老人家，您今天所说，我刘邦会铭记一生，受用一生。"

老人闻言，方知眼前这位诚心听自己说南道北一上午的壮士，竟是在芒砀一带，民心所向的刘邦。忙起身还礼。

刘邦看时间不早，便拜别了老人。

老人在收拾桌上的瓜皮时，才发现一块瓜皮下压着 3 枚铜钱。从此对刘邦更加敬服，逢人便宣传刘邦的礼贤下士之举。

老人的话对刘邦的人生的确产生了较大影响。刘邦在长安称帝后，常同人谈起此次"瓜棚论道"，并派人寻找过那位老人。

第十五章　反复无常赴黄泉　众望所归拥沛公

南方战事日紧，大批难民北逃。地方上的地痞流氓，恶黑势力也借机滋事生非。沛县令渐觉局势难以控制。萧何便借机劝他把刘邦请来，帮助稳定大局，对付可能来沛的南方军队。

沛县令想来别无办法，便派樊哙去请刘邦。

此时的刘邦正想找一块立足发展的领地，便欣然答应，立即带领在芒山招募的全体义军挥师北上。

樊哙提前进城，告诉沛县令刘邦的人马已经到了城外。沛县令急忙和萧何等人一起登上城楼，举目远看，见刘邦的人马整整齐齐，浩浩荡荡地已经走近，看人数，怎么也有近千人。

沛县令看罢，心里倒吸一口凉气，暗忖：这刘邦在沛县影响很大，当泗水亭长时已深得民心，许多人甚至只认刘邦，不认县令。为此，我才派他带人远赴骊山。如今若让他带着这么多兵马进城，岂不是引狼入室，养虎为患？

想到此，县令出了一身冷汗，急命人关闭城门，不许刘邦入内。

刘邦带领兵马兴冲冲走近久别的沛县，却见城门紧闭。抬头望去，已看到沛县令和萧何正在城楼上，便立于马上高喊："令公，我奉你调遣，已将全部人马带回沛县，为什么不让大伙儿进城？"

沛县令忙说："兄弟，我本想请你回来，帮助我总理沛县事务。现见你兵马强壮，号令威严，方知您是做大事之人，沛县这么小的一块池塘怎容得下您这条蛟龙？现在我决定，送您一些粮草，请兄弟暂到别处另图大业吧。”

刘邦已知沛县令此时的深意，再做争辩也是徒劳。便命人于城外安营扎寨，再图良策。

夜间，刘邦命人写了“告沛县父老书”，力陈自己进入沛县，保家安民的决心。让人通过多种渠道带进城去。

沛县城内的百姓，对沛县令已不满多年，早有请刘邦以代之的打算，只是碍于沛县令职权在手，不敢公开声张。如今见刘邦的人马已兵临城下，又收到刘邦的公开信，便不把县令放在眼里。经过一夜的串联，第二天一早，就汇集了 2000 多名民众，同向县衙赶去。

县令闻报，哪敢正面同民众接触，便从后门溜了出来。

刚出后门，恰被已在此守候多时的樊哙碰上，樊哙二话不说，伸手一抓一提，便像老鹰抓小鸡一般把县令提了起来。

沛县令见了民众，无论大伙怎么说，就是不同意放刘邦进城。

身边的樊哙已忍无可忍，高喊道：“让我去请刘大哥的是你，刘大哥数百里赶来，不让进城的还是你。你这厮言而无信，出尔反尔，要你做甚?!”说着便从地上把县令双手抓起，举过头顶，狠狠地扔向县衙石台之下。只听“扑通”一声，便见县令七窍喷血，蹬了蹬双腿，就不动了。

县令已死，越聚越多的人群欢呼着涌向城门。守门兵丁见大势已去，不等人流涌到，便主动打开城门。

刘邦进入沛县城后，在萧何、曹参等人的帮助下，请来当地乡绅和在地方上有名望的人到县衙共商大计。

大家共推刘邦效法南方的陈胜，建沛国，称沛王，刘邦坚决不同意。并力推萧何主持沛县事务。

萧何见刘邦再三推让，便说：“既然刘邦不愿担当统领沛县的重任，我们还是按老规矩，抓阄决定，听天由命。我做十个纸阄，只有一个阄上写有‘沛’字，其余均为空白。谁抓到写有‘沛’字的纸阄，谁当沛县令。”

大家虽不乐意，但碍于萧何话已出口，便勉强点头答应。

萧何背过众人后团了十个纸团，然后拿到众人面前，首先将手伸向刘邦：“请您先抓一个吧。”

刘邦犹豫了一下，无奈地随手抓了一个，樊哙眼疾手快，抢过刘邦手中的纸团展开一看，高兴地跳了起来，口中连喊：“沛，沛！”

在众人将注意力集中于樊哙手上的纸条时，萧何快速将余下纸条放入嘴里，嚼了嚼，吞进肚里。

刘邦虽知是萧何要了花招，也只好认了。却说：“既然大家抬举我，我就不再推辞。但这沛县令是秦王封的官职，如今咱举旗反秦，怎能再叫沛县令，大家就管我叫沛公吧，算我为咱沛县人当差。”

大家一致认同，并推萧何、曹参协助刘邦料理军政事务。

刘邦的义军同沛县守军合二为一，统称沛军，打赤龙旗，扎带赤色头巾。

第十六章　流民西逃人心乱　竹木造势收丰县

刘邦稳定沛县局势后，便采纳萧何、曹参等人的意见，紧锣密鼓地安排攻取丰县的事宜。

他们先安排一部分沛军扮成南方流逃人员，三五结伴，穿过丰县，沿途宣传陈胜大军已逼近沛县；刘邦沛军已归属陈胜；陈胜、刘邦联军已杀向丰县。

流民所经之处人心惶惶，消息很快传遍丰县，丰县城内的有钱人，纷纷携款物外逃，丰县守军天天都有开小差的。

在丰县城内、城外一片混乱之际，刘邦亲率3000余名沛军在前，2000多名沛县民丁在后，自东向西压向丰县。

那2000多名沛县民丁，每人分别用麻绳拖拉着竹、木枝条，在地上拖起大量的沙尘，沙尘飞扬，遮天蔽日，犹如千军万马，浩浩荡荡。

早有假扮的逃难人员把消息传进丰县：陈胜、刘邦的10多万大军正日夜兼程向丰县赶来。

丰县令眼望漫天扬起的沙尘，又见城内居民已控制不住，四散奔逃，守城官军人数锐减，指挥失灵。自知大势已去，便换上便装，和家人一起，混在逃散人群中奔出城去。

县令已逃，群龙无首，丰县守军哪有心恋战？待沛公引军杀进丰县时，丰县城四门洞开，一部分不愿外逃的守军，结伴向沛军投降，许多未走的沛县乡民沿街欢迎义军。刘邦顺利占领了丰县。

从此，沛丰等地连成一片。沛公率领的沛军成为北方影响较大的一支反秦劲旅。

第十七章　好马引道张良认主　共图大业项刘合军

沛丰大局初定，刘邦听说原在吴地杀会稽太守，自举义旗的项梁，如今已率领数万反秦大军进入薛地（今山东省滕州东南一带）。意欲联项抗秦，便亲率十多名沛军，前往薛地接洽。

刚过微山湖，便见从东南冲来一支队伍，有 100 多人。

刘邦已躲闪不及，便正面迎上前去。近前细看，并非秦军。未等刘邦发问，对方为首的已提马向前，彬彬有礼地问道："请问朋友，你们是何处豪杰？"

刘邦见对方并无恶意，便如实相告：

"我叫刘邦，因秦王无道，已在沛、丰、砀一带联合近万名兄弟反秦，听说南方的项梁亲率数万反秦大军北征入薛，现去拜见项梁，共商反秦大计。"

刘邦话刚说完，对方已从马上跳下，向刘邦深深施礼。

刘邦见状忙下马向对方还礼。

来人说："久闻沛公芒砀斩蛇，连克沛丰的大名，今得在此相见，实乃张良今生有幸，也感谢上天作合，好马引道，使我今日巧遇沛公。"边说边抱着自己的战马连亲三下。

原来，张良是阳翟（今河南省禹州市）人。陈胜、吴广举旗反秦后，他也聚了 100 多人。因势单力孤，缺乏攻城掠县的实力，又要躲避清剿的官兵，只有四处游荡，寻找发展机遇。

最近听说东阳宁君举旗反秦，已招募近千人的义军，张良今天便带着他的

100 多人前去投奔。谁知他们正策马奔东南方向走时，他的战马却不听使唤地转头向北疾行，由此才得与刘邦在这里相见。

刘邦听了张良的介绍，满心欢喜，便劝张良与自己一起先见项梁，然后同回沛县，共谋大事。

张良欣然同意，便将两队人马合为一处，刘、张二人并马同行，加快速度，奔向薛地。

一路上二人如故交重逢，无话不谈。刘邦渐渐地了解到张良壮志满怀，敢作敢为，文韬武略，均在自己之上。认为是天降奇才，辅佐自己成就大事，内心充满喜悦。

张良的爷爷和父亲都是韩国宰相，秦灭韩后，父亲被秦杀害，张良一家由国之望族降为劣等庶民。在张良幼小的心灵里便播下了复仇灭秦的种子。

张良 20 多岁时，听说秦始皇出宫外游，便花重金雇请一名大力士，在秦始皇出游时行刺。后因计划败露，张良便改名换姓，逃到下邳（今江苏省睢宁县北）躲藏起来。

在张良心灰意冷，无所事事时。一次，他路过一石桥，出乎意料地撞倒一位老人。老人故意将自己的鞋子踢到桥下，非让张良去捡，张良见对方年老体衰，便忍气吞声跑到桥下，为老人将鞋子捡回。

“给我穿上！”老人命令张良。

张良犹豫一下，将火气忍下去，为老人穿鞋。老人却将另一脚上的鞋子又蹬出好远，并要张良再为其捡来穿上。

张良本想转身离开，但一想如果连一位老人的问题都解决不好，今后怎成大事。便再次捡回另一只鞋子，和颜悦色地为老人穿上，并问老人：“哪里摔伤了没有？”

老人听后，哈哈大笑着说：“孺子可教也！5 天后天未亮时，你在这座桥下等我。”言毕，一转身，便不知去向了。

5 天后，心事悬疑的张良起早赶到桥下，那老人已先于他到了。见了张良一脸严肃地说：“今天晚了，5 天后再来吧。”

又过 5 天，张良连夜赶到桥下等候，老人到时，见张良头结霜花，双唇发青，便满意地说：“现送你一本书，13 年后我会化为一块黄石，在此候你。”

张良接过书一看，是一本《太公兵法》，便如获至宝，从此日夜研读。

两人说说笑笑，都有相见恨晚的感觉，不知不觉间便到了薛地，见到项梁。

项梁听刘邦说明来意，心中大喜，二人当即商定，项刘结为同盟，共力反秦。项梁的义军驻于微山湖以东，刘邦沛军驻于微山湖以西，平时分头发展，互相照应，需要时合兵一处，统一指挥。

第十八章　百名精骑护陈灵　三军合力推楚王

公元前209年，陈胜亲率大军同秦将章邯大战于陈（今河南省淮阳），败后退于下城父（今安徽省蒙城县北），准备重聚义军，再整旗鼓时，却被跟随其数日的车夫庄贾暗杀。

刘邦闻信，急派100名精锐轻骑，星夜兼程，最后在陈胜部将吕臣的帮助下找到陈胜的尸首，连夜护运至芒山。

下葬这天，刘邦手下将领，沛、丰、砀各县知名乡绅等300多人，参加了陈胜的葬礼。刘邦在葬礼上含泪吟诗曰：

“大泽揭竿兮，震秦庭；

壮志未酬兮，留英名；

圣魂飞天兮，佑我行。”

（陈胜墓建于永城市东北，芒山主峰西南麓，墓冢高5米，周长约50米。周围以青石围墙，高项，下设须弥座，周围栽植多株青松翠柏。刘邦称帝后，追封陈胜为“隐王”，派30户丁役常年守护，按王侯待遇年年杀生祭祀。现已发展为芒山国家AAAA级汉文化旅游景区内的一个重要旅游景点。）

陈胜死后，大长了章邯等秦将的嚣张气焰，他们大开杀戒，四处围剿反秦义军，捕杀反秦力量。

为应对反秦形势的变化，刘邦再次同项梁合议，联合陈胜原部将吕臣统领的“张楚”各军，将项（梁）、刘（邦）、吕（臣）三支义军的各路人马收紧至薛。重建楚国，都盱眙（后迁至彭城），公推战国时楚怀王后裔熊心为楚怀王。项梁自号武信君。由楚怀王任命陈婴为上柱国，项羽为长安侯，任鲁（今山东省）公，刘邦为武安侯，任砀郡长，吕臣为司徒。

经过此番调整，三支反秦力量合为一处，提振了反秦军威。

第十九章　乌鸦集群报凶信　哀兵白袍破秦军

秦军得知项梁、刘邦等在彭城拥立熊心为楚王的消息，急调各路秦军，由秦将章邯统领，从东西两面杀向彭城。

项梁、刘邦等兵分两路，一路由项梁、宋义率领，向东迎战章邯亲自率领的大军；一路由刘邦、项羽率领，向西迎战秦将李由等秦军。

刘邦、项羽率领的楚军，采纳张良的建议，表面上向西直行，佯装迎战正面而来的秦军。兵过兰考后，却连续两天按兵不动。第三天夜晚，突然转军北上，一夜急行军，于拂晓前赶到濮阳，行军至此的秦军还在睡梦之中，被从天而降的楚军杀得鬼哭狼嚎，血溅荒野。

获得大胜的楚军马不停蹄，日夜兼程，挥师南下，再次以迅雷不及掩耳之势，将在雍丘（今河南省杞县）立脚未稳的秦军李由部人马团团围住，经过两天激战，斩杀秦将李由，收降秦军1万多人。

连战连捷，军心大振，刘邦、项羽所部人马迅速发展到10余万人，在雍丘稍事休整后，便乘胜西行，志在一举攻下汴梁城（今河南省开封市）。

浩浩荡荡的刘、项大军刚出雍丘，便见一团黑云从东北方向飘来，飘至大军上空才发现是数千只黑色的乌鸦。这些乌鸦在大军头顶上下盘旋，同时发出一阵阵刺耳的哀鸣，任将士们如何驱赶，却迟迟不肯离去。

刘邦见此情景，急令大军停止前进。

项羽纵马来到刘邦跟前，高声喝问："武安侯，因何停步不前?"

正在仰天深思的刘邦用手指了指头顶的乌鸦。

项羽不以为然地说："几只黑鸟怎能阻挡我大军的前进步伐？我命人射下来就是了。"

刘邦却摆了摆手，略有所思地说："这些鸟来得突然，飞得古怪，叫得悲惨，我担心另有隐情。"

项羽"哈哈"大笑一阵："大丈夫顶天立地，南征北战，凭手中大刀打江山，管它有什么隐情？逆我者必亡！"说着话，又欲命人箭射鸦群。

刘邦再次阻止："做大事者讲究上顺天意，下得民心，且不可任性而为，还是弄清原因再做决断为好。"

项羽还要辩驳，却见东北方向尘土高扬，两匹战马飞一般向刘邦、项羽奔来。

来到刘邦、项羽跟前，马上的两个人同时从马上跳下，跪在地上，放声大哭。

刘邦这才看清，来人中的一人是项梁身边的护卫。再看那两匹战马通体如水洗一般，站在那里汗水仍如下雨一样扑嗒嗒向下滴落。

刘邦急忙去扶两位军士，两位军士怎么也不肯站起，趴在地上哭了一阵，才泣不成声地说："大事……不……好，武信君……战死在……定陶了！"

此言一出，马上的项羽险些从马上摔下。他强打精神，跳下战马，一把将那位军士从地上提起，两眼喷火般吼道："你说什么？"

那军士并不敢直视项羽，双眼紧闭，泪如泉涌，哭丧般号叫道："前天下午，武信君同章邯军激战时，因马失前蹄，被秦军乱刀杀害！"

项羽一把将那名将士扔出五六尺远，转身上马，长剑一挥，厉声高喝："有种的随我杀向定陶，踏平秦营，为我叔父报仇！"

刘邦急忙拽住项羽："长安侯请听他说清情况，再定报仇之策。"

项羽并不下马，只是停在马上，用血红的双眼瞪着两名仍跪在地上的军士。

经过刘邦的询问，才弄清原委：

项梁、宋义率大军东去后，一路势如破竹，先后克泰安，取东阿。当项梁得到章邯已败走定陶的消息后，在宋义所部人马尚未赶到的情况下，便孤军深入，星夜杀至定陶，误入章邯预先设下的伏击圈，在万军阵中，项梁左冲右杀一天，仍未突出重围，因战马连日征战，又饥又渴，突失前蹄，从马上摔下的项梁被秦乱军杀害。

刘邦面向马上的项羽："武信君战死，此仇必报。我军将士全部身披孝袍，马戴白花，日夜兼程，以最快的速度赶往定陶，同时约请宋义所部从东杀向定陶，合围秦军!"

项羽听刘邦说得有理，便点了点头。

此时，有心的将士再看天空时，乌鸦已全部飞走。

经过短暂准备后，刘邦、项羽统领10万大军快速杀向定陶。

章邯取得定陶之战的胜利，杀死楚军主帅项梁后，自以为消灭了楚军主力。当得到刘邦、项羽和宋义各率人马从东西两面杀向定陶的消息后，以为是楚军的游兵散勇，并没引起重视，便提前摆开阵势迎战。

刘邦、项羽见到秦军时，见对方已摆好迎战的队列。项羽马不停蹄，提刀冲向秦军阵前。

一名秦将出马迎战项羽，大喊："来将报上名来!"

项羽并不答话，径直放马过去，两马相近，项羽一刀扫过去，秦将尚没来得及亮出兵器，已被项羽拦腰斩于马下。

秦军见项羽如此勇猛，已不敢小视，便同时杀出四名将领。走在最前面的将领提枪刺向项羽，却被项羽挥刀将枪杆劈断，项羽并不回刀，只以刀为枪，闪电般刺向敌将的心窝，只见刀至甲破，一股热血从敌将胸口喷出。然后回手横扫一刀，将另两名刚近其身的将领的头颅如切西瓜般同时削下，滚于马下。项羽正欲刀劈第四名秦将时，却见这名秦将没等项羽马到，自己已摔落马下。

项羽连杀五将后，大刀一举，高喊一声："章邯小儿还命来!"刘邦便指挥大军杀向秦军。

秦军见项羽不费吹灰之力，阵前连杀五将，人人吓破了胆。又见对方个个人穿白袍，马系白花，喊杀声惊天动地，已丧失了迎战的勇气。章邯带头，掉转马头，四散奔逃。

此时，宋义大军已经赶到，两路楚军合作一处，人人志气倍增，如猛虎下山般杀向溃逃的秦军。连续追杀50多里，多数秦军或被斩杀，或缴械投降，只有章邯和少数秦军将士逃得不知去向。

刘邦见天色已晚，便下令鸣金收兵。

数天后，楚王熊心亲率文武重臣，为项梁举行了隆重的葬礼。

（项梁墓位于今山东省定陶县堌堆刘庄西南100米处，现存封土高出地面2米，南北长130米，东西宽52米，占地面积10余亩，上平面呈椭圆形。墓前立一石碑，碑刻为“山东省重点文物保护单位：项梁墓”。）

第二十章　争帅印项羽摔鼎　击秦军南北分兵

楚军连捷，彭（城）、薛、丰、沛、砀、濮（阳）一带已完全被楚军控制。为扩大战果，楚怀王便召集文臣武将，共商西征击秦大计。

怀王说："如今，秦王暴政，民怨鼎沸，秦朝已失去人心；大江南北，群雄争霸，战火遍地，为我们提供了趁势灭秦的天赐良机；我军连胜，秦军屡败，士气利于我而不利于秦。天时、地利、人和皆有助于我，我们必须当机立断，组织精兵强将，西征击秦，直捣咸阳。为天下万民争平安，为武信君报仇。各位有何妙计尽管说来。"

吕臣说："西征击秦，对我刚刚建立的楚国影响深远，此役胜，楚则兴；此役败，楚则生死未卜。如此责任重大的行动，必须选好能征善战的统帅，统一指挥，号令三军。"

吕臣话音刚落，项羽便急急跨前两步说："我叔父刚被秦军所杀，我同秦军不共戴天，请怀王命我带领西征大军，半年之内，一定荡平秦地。"

这项羽身高体壮，力大无比，为人彪悍。自幼便在叔父项梁照顾下长大，一直跟随在项梁左右。陈胜起兵后，会稽太守去找项梁商量响应陈胜反秦。项羽趁机杀了太守。叔侄二人提着太守的头赶到太守府，收降了太守手下的兵将，举起反秦大旗。项梁战死后，项羽虽连斩秦数将，出了一口恶气，但由于秦主将章邯等侥幸逃脱，项羽一直在寻机复仇。今天便第一个站起来，要求带兵西征。

项羽言毕，众大臣相互对视，无一人表示态度。

上柱国陈婴率先打破僵局，面向怀王说："此番西征，并非简单的两军交战，西征部队，至少肩负三大重任：一是宣传我王主张，争取各界仁人志士对西征灭秦的认同与支持；二是安抚黎民，稳定后方，保证作战的粮草供应；三是击杀瓦解秦军，消灭秦朝的有生力量。如此重大的任务，须选一老成持重，多谋善断，能征善战者出任三军统帅。"

陈婴言毕，众老臣纷纷附和，都说上柱国所言极是。

但说到具体该由谁充当三军统帅，众武将都考虑近期秦军虽小有败绩，但有生力量仍远远多于楚国，且后方支援广阔，西征获胜的把握不大。一个个面面相觑。刘邦则考虑项羽已抢帅在先，如自己此时出面，明显要得罪项羽，也保持了沉默。朝堂上一时又冷了场。

早憋了一肚子火的项羽已忍耐不住，双手举起身边一个 300 多斤的铁鼎，"哗啦"一声摔碎在文武大臣中间的殿堂上，高声咆哮道："你们这些吃闲饭的，我去你们不让，你们又一个个缩头乌龟似的不敢出头，这样能成什么大事！"

项伯慌忙将项羽拉回他自己的位置。

怀王见状，也不便责怪项羽。待众臣情绪恢复平静后说："西征击秦，乃我朝大事，为确保成功，我决定分南北两路，同时出击。

"南路军由沛公任主帅，萧何做参军，由此向西，加快推进。

"北路军由宋义为主帅，项羽为副帅，范增为参军，由此北渡黄河，消灭秦军围赵（国）的主力，为最终踏平咸阳扫清障碍。

"两路军遥相呼应，最终南北夹击，会师咸阳。先入咸阳者即为关中王。"

项羽大失所望，心怀满腹怨恨，提兵随宋义同行。

第二十一章　受辱补礼纳狂士　假传王令杀主帅

刘邦西征军一路西行，战秦军，收城池，纳贤士，声威远播，归附者甚众。

行至高阳，高阳人郦食其自幼饱读诗书，满腹经纶，但由于一直未遇到贤主，60 多岁了仍没有作为。平日常联络三五好友，在一起谈天说地，针砭时弊，饮酒作乐，被称为高阳酒徒。

听说刘邦已驻军高阳，郦食其便在一老乡引荐下去拜见刘邦。

进屋后郦见刘邦正坐在床上，两个侍女在帮其洗脚，便站在原地，并不下拜。

刘邦见郦食其进来，一边洗脚，一边问："你就是高阳酒徒郦食其吗？"

郦食其仍不答话。

刘邦见状，忍住怒火再问："你既要见我，为何不拜？"

郦食其这时才说："我不知我眼前的刘邦可是求才若渴的刘邦？"

刘邦问："此话怎讲？"

郦说："如是求才若渴的刘邦，今有大才慕名拜见，为何会如此傲慢？"

刘邦闻言，忙命两名侍女退下。

郦又说："人说沛公心怀大志，善待贤能，今天为何这样接待一位前来助他的长者？"

刘邦忙潜进内室，重新更衣整冠后，再出来以礼接待郦食其。

随后郦食其说服陈留县令投降了刘邦，并说服弟弟郦商，带着其手下 3000

多人马归顺了刘邦。使刘邦不费一枪一弹，便收兵丁近万和大批粮草。

此时，宋义率领的北路军已行至安阳。

探听到秦将章邯率领的20万大军正在围攻赵国的巨鹿，并非军旅出身的宋义慑于章邯灭陈胜、杀项梁的声威，临战胆怯起来，迟迟不敢决断，每天躲在军中饮酒作乐。

在巨鹿不进不退20多天，作为副帅的项羽再也忍耐不下去了。一天晚饭后，他独自走进宋义的大帐。

宋义正在和两个女人喝花酒，见项羽未经传唤，径直走来，心中已大为不悦。但念及项羽毕竟是副帅，便让两名女人退下，令人为项羽上茶。

不等项羽说话，宋义首先说："这几天我在反复研判目前战局，骁勇善战的章邯亲率精锐20万，另有20余万其他秦军配合作战，已围攻赵国30多天。如果我们此时扑上去同秦军交战，秦军放弃围赵，将我军反包围起来，我们这支刚刚整训的五六万兵马，怎么也难抵挡七倍于我的秦朝皇家精兵，很有全军覆没的危险。只有等秦军分散时，再寻战机。"

项羽耐着性子听完，然后说："现在就是最好的战机，秦兵围赵已月余，久攻不下，精力已疲。如果我们此时渡河从秦军背后猛扑过去，久被围困的赵军再从城中杀出，秦军腹背受敌，必军心大乱，完全有希望将秦军主力消灭在此役之中。"

宋义不以为然地说："如果我们从背后攻秦，秦兵反包围我们，赵军又据城不出，我军的处境岂不十分危险？"

项羽说："赵国请我们相救，我大军已至，岂有赵军不配合作战之礼？就是没有赵军配合，我军已在此养精蓄锐20多天，军士求战心切，一旦开战，个个如猛虎下山，趁势击溃已疲惫不堪的秦军，也易如反掌。"

宋义再次摇了摇头说："你说这些都是我军的一厢情愿。假如目前又是狡猾的章邯的一计，故意对赵国围而不攻，反而张开了口袋，就等我军去钻，我军此时击秦岂不是飞蛾扑火，自取灭亡？"

项羽已失去耐心："你屯军于此，日日消耗大量粮草，一旦秦军灭了赵国，重整旗鼓，来剿杀我军，到那时我军内缺粮草，外缺盟军，才是死路一条！"

宋义见项羽火性已起，害怕这个性如烈火的家伙再做出出格事来，便不敢再同项羽争辩。缓和下口气说："你说得不无道理，今天已晚，明日召集众将，再作计议。"

项羽气冲冲地从宋义大帐出来，正遇见参军范增。

范增将项羽拉到一无人处，低声说："宋帅不曾征战，对战局审视不准。如今正是我军用兵的最佳时机，如任其失去，我军险也！您骁勇善战，理应多发挥作用。"

项羽回到自己的大帐，几位曾共同征战的副将已在此等候多时。

听了项羽满腹牢骚地说了情况，众副将齐说："怀王让不懂作战的宋义统领北路军，本身就是一大失误。如今，如此好的击秦战机抓不住，等于坐以待毙！"

有的副将干脆说："宋义无能，你应该站出来力挽战局，只要你振臂一挥，我们这些人都听你的。"

众人离去后，项羽辗转反侧，迟迟不能入睡。

第二天天已近午，见宋义仍没有任何动静。项羽大步流星再次冲进宋义大帐。

宋义仍在同两个女人喝花酒，与昨晚不同的是，帐内多了两个宋义的持刀侍卫。

项羽一脚踏进大帐，便毫不客气地厉声斥问：

"昨晚说好今天商议击秦军务，为何迟迟不见宋帅动静？"

宋义见项羽如此无视自己，一时火气，已失去了昨晚装扮出来的温和，不冷不热地说："我昨晚讲过现在议论军事吗？"

"宋帅想等到何时再议论军事？"项羽毫不退让。

"何时议军是我主帅的事，副帅听我军令就可以了。"

"你如果再不出兵，我项羽愿单独率领我带来的子弟兵，先行出发。"

"怀王命我为主帅，无我号令，谁也不许动一兵一卒！"

项羽闻言，双眼瞪圆，怒发冲冠，抽出腰间佩剑，趋前一步，手起剑落，宋义的头已滚在地上。

两名内卫正欲挥刀阻拦，项羽转身大喝一声，两名内卫手中的兵器已被震飞帐外，两个人中一名已气绝身亡，另一名同两名女人搂抱一起，抖作一团。

项羽也不管他们，一手仗剑，一手提着宋义的头颅走出帐外，命人集中兵马。

众军集中后，项羽提着宋义的脑袋，登上一高台，大声向众将士说："宋义多日按兵不动，是在勾引秦军前来收降我们。我奉怀王密令，今天斩杀宋义，以绝后患。从今以后，我受令为主帅，众将士有不听帅令者，宋义就是先例！"

众将士见此情景，哪有敢不从者，项羽言毕，全军一片"听令！""听令！"之声。

项羽大喜，随即号令三军："每人带足三天的口粮，将全军做饭的锅就地砸碎。"将士们虽不解其意，但无人敢违抗其令，便将全部行军做饭的锅都砸了。大军渡过漳河后，项羽又命令："将渡河用的船全部沉于水底。"项羽对众将士说："现在我们做饭的锅砸了，回去的船沉了。摆在大家面前的路只有两条：一条是我们齐心协力，打败秦军，添新锅，造新船；另一条就是败给秦军，食无锅，回家无船，客死他乡。"众将士明白了面临的形势，个个拼死决战，奋勇拼杀，人人如下山猛虎，以一当十，以十当百，战场上烟尘蔽日，喊杀声震天动地，血流成河，楚军将士越战越勇，势如破竹，连败秦军，秦军章邯在走投无路的情况下，主动向楚军投降。各路诸侯王在项羽的军威下，纷纷归顺楚国。

消息传至彭城，怀王只得任命项羽为北路军主帅。

项羽旗开得胜，不仅解了赵国之围，消灭了秦军主力。还获得大批粮草补给。项羽率领的北路军由出彭城时的 6 万人，迅速扩充到 40 余万人。

兵多粮足的项羽踌躇满志地挥师西进，直逼咸阳。

第二十二章　素车白马交皇印　约法三章稳三秦

楚军南北夹击，节节取胜，秦军有生力量已基本被楚军消灭或劝降。长安城四周已全部成为楚军天下。秦王子婴见大势已去，忙向刘邦递出降书。

刘邦满怀喜悦，整顿军马，浩浩荡荡开进长安城。刚至长安市区，就见前方素旗招展，车搭素棚，人穿素衣，跪拜于街道两侧。

刘邦已知是秦王子婴亲率其文武大臣前来受降，便率队策马向前，停在受降队伍的前面。

这时一个长相清秀，一身素装的年轻人走出队列，面向刘邦跪下，双手托举着传国玉玺，低声泣诉："我乃子婴，因才疏学浅，为君无能，贻害于黎民，有愧于先祖，现武安侯大军已至，特献上传国玉玺，听武安侯发落。"

刘邦见一代国君，沦落到如此地步，便动了怜悯之心。急忙下马，亲自扶起子婴，命萧何接过玉玺。嘱咐萧何对子婴妥善安置。然后翻身上马，率领大军开进长安市区。

刘邦所带军卒，多为农夫、流民、行伍出身。平时听惯了羊叫马鸣，看惯了柴草炊烟，吃惯了炊饼野菜。如今进得城来，很快被一座座宫院美宅遮住了双眼，听见笙歌丝竹之声便双腿抖动，总想听个痛快；闻到满街的酒肉之香，便垂涎欲滴；看到大街上一个个长相标致、穿着妖艳的美女佳人，下边的老二便按捺不住，蠢蠢欲动，满心里火烧火燎。于是三五兵丁结伴到街上强吃强喝，敲诈商人者有之；私进烟花柳巷，彻夜不归者有之；与他人争风吃醋、争物夺利、酒后逞强、伤人、杀人者也有之。几天之内已军心涣散，指挥失灵，整个长安城被搞得乌烟瘴气，怨声载道。有的将士虽看到事态严重，心急如焚，但听说此时的武安侯刘邦也同样躲在深宫，每天花天酒地，一个个敢怒而不敢言。

身为刘邦义弟的樊哙忍无可忍，便独闯深宫。情真意切地对刘邦说："大哥，如今将士沉醉于花天酒地之中，欺诈平民，寻欢作乐，再不整肃，还如何作战?"

刘邦不以为然："弟兄们在家苦惯了，跟着我出来，出生入死这么多年，图的就是过几天好日子，让大家尽情享受几天又何妨?"

樊哙说："大哥，你可不能一进城便迷失了方向。咱们这样享受，长安的黎民百姓满意吗？失去了百姓的信任，我们能在这地方待下去吗?"

刘邦说："如今秦朝已灭，大局已定，有我 10 多万大军在此，长安城谁敢背我?"

樊哙苦口婆心劝说多时，见刘邦并无转意，便撂下一句："大哥不听我劝，今后后悔已晚!"气冲冲走出宫去。

樊哙思来想去，哪肯就此罢休，便找到张良："如今这个局面你已看到了，我劝大哥不听，你再不去劝说劝说，到头来我们大伙一起完蛋。"

张良心中早有此意，现在被樊哙相逼，便立即去拜见刘邦。

两人施礼落座后，张良并不急于劝说刘邦。而是向刘邦禀报道："我已得确切消息，项羽杀宋义于安阳，破秦兵于巨鹿后，收降章邯等秦军主将，人马已扩充到 40 多万人，兵精粮足，意得志满，正一路像秋风扫落叶般向长安赶来，距此已经不远。"

张良见已引起刘邦的注意，便接着说："武安侯是知道的，项羽为人彪悍，心胸窄小，目空一切，早有取怀王而代之的野心。如今刚获大胜，怎舍得我们在长安久留，抢了西争头功？咱们同项羽迟早有一战，但现在如动武，我们无异于以卵击石。"

几句话说得刘邦茅塞顿开，脊背发凉。面对张良说："子房提醒得极是，为今之计，我们该如何动作?"

此时的张良已胸有成竹："为武安侯长久大业计，如今最需要的是韬光养晦，向项羽示弱。退出长安，移军霸上，安抚人心，聚集力量，让一座空城与项羽，静观事态发展。”

刘邦说：“就依子房所言，你去安排吧。”

刘邦大军移居霸上，一面整肃军队，一面安抚人心。在征求地方士绅、民间长老的意见后，刘邦约法三章：杀人者死；伤人者刑；及盗抵罪；秦朝的苛法严政一律废除，各部门，各岗位官吏仍复旧职，领原薪。

这些规定保护了基层民众利益，照顾了各级士大夫的利益。赢得咸阳上下的一致拥戴。咸阳城内的官吏，士绅纷纷带着猪、羊、粮草出城慰军。咸阳城内又恢复了稳定、繁荣。

第二十三章　夜约项伯结秦晋　单骑小道离鸿门

项羽率北路大军星夜兼程，逼近咸阳，听说刘邦已先于自己接受了子婴的投降，进入长安城，抢了头功，心中大为不悦。便令大军暂驻于鸿门（长安城外的一个地方）。

大军驻下后，范增立即找到项羽："彭城出兵时，怀王曾有约：先入咸阳者为关中王。如今刘邦抢先进入咸阳，籍（项羽名籍，字羽，称范增为亚父，故范增如此称呼）作何打算?"

项羽无可奈何地说："此乃天不助我，同怀王有约在先，如今又能如何?"

范增问："难道你甘居沛公之下?"

项羽不解地问："亚父此为何意?"

范增说："我已观察沛公多时，在沛县时，他游手好闲，长年混迹于狐朋狗友之间，乐享酒肉、女人的生活。起事后自称赤帝子，蒙骗了许多人。听说他进入长安城后，以慈示人，以严治军，笼络人心。这说明刘邦胸有大志，早有野心。纵观现今天下，日后能与你抗衡，共决雌雄的，只有刘邦。如任其羽翼丰满，必定危及你今后的前程。"

项羽不以为然地说："亚父何以长他人志气，刘邦乃一介农夫，怎能成得了大事?"

范曾说："刘邦虽出身农门，然志向高远，能屈能伸，有勇有谋。如今在他的身边，文有萧何、陈平，武有张良、周勃、曹参、彭越、樊哙，这些人都是刘邦出生入死的铁哥们，一旦时机成熟，定能共同掀起惊天巨浪。”

项羽问：“依亚父的意思，该如何行事?”

范增说：“如今你手握精兵40余万，个个如狼似虎，刘邦手下仅兵丁10余万。他弱我强，如乘机围杀刘邦于咸阳，以怀王名义号令诸侯，调度各路人马，天下可定，霸业可成。”

项羽心虽有所动，仍犹豫不决：“我同刘邦共同反秦，同室操戈，现大局待定，周边各国都在观望，如此时南北两路西征军自相残杀起来，岂不让天下人耻笑？怀王那里也不好交代。”

范增情绪激动地说：“此时不除刘邦，无异于养虎为患。”

项羽说：“亚父切莫激动，此事太大，你让我再考虑考虑。”

范增为造成既成事实，逼项羽下决心剿杀刘邦，出帐后便故意传出消息：“项帅正在谋划围剿刘邦之策。”

项伯听到消息，立即带领3名亲兵，找到张良。

原来，项伯是项羽的叔父，早年行侠仗义，后因误伤人命躲到下邳（今江苏省睢宁县西北），其时张良也在下邳，给了项伯很多帮助，二人便成为好友。后来，项伯随其堂哥项梁在会稽起兵反秦，张良则随了刘邦。二人虽各事其主，私下交往依然很密。这次听范增说项羽要发起对刘邦的进攻，便马不停蹄地将这一消息告诉张良，劝张良早做准备。

张良听后，请项伯在自己帐内用茶休息。自己直接去见刘邦。

刘邦听张良说完，自知目前项、刘两军实力悬殊，内心很惊慌，忙问张良该如何应对。

张良一路走来，已想好了应对之策，便和盘向刘邦托出。刘邦连连称是。

刘邦随同张良一起同至张良帐内。

见了项伯，刘邦纳头便拜，项伯慌忙向刘邦还礼，连说：“武安侯不可如此，折杀项缠（项伯名缠，字伯）了。”

刘邦说：“如今灭秦兴楚，最需要伯公如此深明大义、心胸坦荡的能人义士，您此行，不仅拯救了南北两军，也拯救了楚国的前途。”

项伯说：“项帅年轻气狂，经不得别人的挑拨，我此行只是私下告诉你们，请武安侯早有准备，您如能面见项帅，说清您的意向，或可化解楚军的一场劫难。”

刘邦说：“此事我已早做安排。今得见伯公，明日我便亲至项帅大营，聆听项帅指令。”

项伯见刘邦如此诚意，满心欢喜，应张良之请在张良帐内和刘邦同进晚宴。

席间，张良得知项伯有一女，尚未婚配，便当场牵线搭桥，许配给刘邦之子。

宴后，项伯回到项营，连夜去见项羽。对项羽说：“刚才刘邦派我的老朋友张良转来口信，听说你已驻军鸿门，明天刘邦亲自前来拜见，并听你下一步的安排。”

项羽不信，故意调侃道：“这武安侯会如此礼贤下士？他先进入咸阳，按约已成为关中王，该我去登门拜访他。”

项伯说：“沛公先行入关，为我大军扫除了入关的障碍，我军才得以自巨鹿之战后，长驱直入，顺利至此。我们应该感谢他，而不应猜疑他。”

项羽笑说：“听叔公如此说，明天我应该去祝贺武安侯先行入关，出任关中王？”

项伯说：“听传信人说，刘邦绝对不做关中王，只求配合项帅，完成兴楚大业。”

项羽听到这里，心中悬起的石头已经落地，便顺水推舟给项伯一个人情。

“我同武安侯并肩征战已多年，向来敬重武安侯的为人，此次他率先入关，是为楚国办了件好事。我从无责怪他之意。既然武安侯明天亲来，你去安排一下，咱们以礼相待就是。”

项伯前脚走，范增领着项庄后脚便潜入项羽大帐。

范增紧盯着项羽的双眼：“听说刘邦明天要亲来？”

项羽并不看范增，只漫不经心地说：“是。”

范增说：“这正是你除掉刘邦的天赐良机，万万不可错过。”

项羽说：“武安侯明天亲来拜见我，我此时把人家杀了，今后如何取信于人？”

范增说：“你和刘邦，就是分坐在跷跷板两端的顽童，不是你上去，便是他上去。他若上去，你必下来。你不借此机会杀了刘邦，刘邦今后得势时绝不饶你。”

项羽说：“如今我统兵40余万，所向无敌，什么时候要除刘邦都易如反掌。亚父为何偏要我此时做这不仁不义，有损兴楚大业的事？待我稳住大局后，刘邦如敢违我号令，再杀他也不迟。”

范增说：“战争形势瞬息万变，谁能担保一直利于你，而不利于刘邦？”

项羽说：“我同叔父手无寸铁，白手起家，数年内尚打出如今的天下。如今我兵足将广，粮草丰足，亚父怎么又担心别人背我？他刘邦虽有大志，多年以来，不是一直屈居我叔侄之下，听咱号令？”

范增说：“能屈能伸，正是刘邦的过人之处，如此大才，岂肯长久屈居别人之下？还是早做决断为好。如此次不除刘邦，将来争夺你天下的，必为沛公！”

项羽见范增杀意坚决，便说：“明天刘邦前来，听他如何打算，再见机行事吧。”

范增出了项羽大帐，对项庄说：“你做好充分准备，明天看我眼色行事，一定让刘邦有来无回。”

第二天，刘邦和张良、樊哙等将领一起，带着100多名亲兵，众多的酒肉、珠宝玉器等，一大早便赶到项营。

项伯已在营门外迎候。接到刘邦，陪同他一起走进项羽大帐。

双方落座后，项羽说：“武安侯孤军深入，直逼秦庭，已先我一步进入长安城，按西征时的约定，应由您任关中王，我正要前往拜见，为您祝贺，怎劳您先来看我？”

刘邦说：“不是项帅巨鹿之战，消灭了秦军主力，震动秦朝上下，我休说进入长安城，恐怕至今还在关外徘徊。先入长安者虽是我，但创下此首功者是您。为此，如今我已退出长安，移军霸上，我只是先期进入长安为您清除一下灰尘，长安的事情如何办，就等项帅示下。”

项羽假意说：“怀王和您我有约在先，先入长安者为关中王，武安侯不可推辞。”

刘邦诚恳地说：“我乃一介布衣，是追随武信君以后才有今天。今武信君已不幸遇难，当今能号令天下者，非您莫属。我已年近花甲，能安度晚年便是我的福分。绝不担当关中王的重任。”

项羽听刘邦说的言诚意切，句句入情入理，便对刘邦所言深信不疑。放松了对刘邦的戒备之心，忙令人摆上酒来。

酒菜摆上后，项羽见一直跟在刘邦身后，不离左右的黑大汉仍站在刘邦身后，便说："这位壮士，如今酒菜已到，何不坐下来痛饮几杯？"

樊哙似一座黑塔般立在刘邦身后，一手按佩剑，一手平托盾牌，二目圆睁，眼球动也不动。

见樊哙不理项羽，刘邦便欠了欠身说："他叫樊哙，和我是沛县同乡，自幼宰猪杀狗。我看他力大无比，为人憨厚，便带他在军中。近来耳朵有点背，项帅不要理他。"

大家喝了几圈酒，项羽已有些兴奋，一边端起酒杯，一边说："我敬武安侯的为人，知武安侯不会背我。只是您军中的曹无伤，说了一些闲话，引起我军中一些将帅的猜疑，武安侯不要介意。"

刘邦也端起酒杯："只要项帅信我，我只求随您左右，共兴楚国大业。您如今已平定三秦，巨功告成，也可告慰武信君在天之灵了。"言毕，将酒泼洒在案前。

项羽也学着刘邦的样子，将酒洒泼于案前。双眼同时溢出些微泪花来。

久已按捺不住的范增，见此情景，气得两眼发直，双手微颤，忙向项庄递去眼神。

项庄离座站起说："今天两军会师，可喜可贺，我愿舞剑为各位助兴。"言毕，也不等项羽同意，便舞起剑来。

站在刘邦身后的樊哙，按剑的手抓紧了剑柄。

项伯则站起身说："一人舞剑，太过单调，我来和你同舞。"亦抽出佩剑，贴紧项庄起舞。

项庄见身边有项伯左遮右挡，刘邦身后有樊哙护卫，根本没有对刘邦发难的机会，舞了一会儿便退回自己的座位。

此时，刘邦举起酒杯："感……感……谢项帅……帅的好……好……好酒"说着话，歪歪扭扭地站起身，一饮而尽，入座时，险些摔倒。

张良忙解释说："沛公不胜酒力，项帅不要见笑。"

刘邦醉眼朦胧地说："谁说我……我……我不胜酒力，我……没……没……

没醉。小……小解罢……咱……再……再喝。”

樊哙见状，忙搀起刘邦，从小门走出项羽的大帐。

大帐外，张良已提前安排了刘邦的坐骑，刘邦和樊哙翻身上马走出项羽大营。

出营后恐范增提前安排了伏兵，或有追兵，二人只选山间小道，赶回霸上。

到霸上后，刘邦命樊哙立即杀了曹无伤。

第二十四章　杀子婴火烧阿房宫　封诸侯自称楚霸王

项羽兵进咸阳城后，首先命人杀了秦王子婴。

有将士问阿房宫众多嫔妃、宫女如何处置时，正好虞姬同项羽在一起。

这虞姬自幼能歌善舞，吹弹技艺皆精。项羽在会稽时，一次听了虞姬的弹唱，又见虞姬长得面如桃花，红唇轻启，两排细小的碎牙洁白如玉；双眉微张，便放出万千波浪；两目含情，看一眼便摄魂动魄，使人如身陷碧水清潭，心怡神畅，久久不愿离开。弹唱结束后，项羽便找到虞姬，明确表明了自己的爱慕之情。虞姬看项羽身材魁伟，模样英俊，双目炯炯有神，正是自己多少次梦中相遇的白马王子，便一见倾心。两个人从此黏在一起。项羽南北征战，东拼西杀，虞姬一直陪护其左右，使其在不尽的拼杀后享受万千温柔。

为表示自己对秦王荒淫无度的愤恨，向虞姬展示自己忠贞无二、敢作敢为的决心，项羽对那将士说："阿房宫所有女人一律遣返回家，阿房宫乃罪恶之源，烧掉。"

当天，长安周围方圆数十里的人同时看到，一股浓烟从阿房宫内腾然升起，接下来便见黑烟遮云，熊熊大火使长安的夜晚仍亮如白昼，滚滚热浪炙烤得周边土地发红，地下老鼠、蟒蛇纷纷从洞穴窜出，野兔狂奔，野鸡高飞，附近的居民相继拖儿带女，逃避他乡。如此大火整整燃烧了三个月，长安民众也在恐怖、煎熬、惊慌和等待中度过了难熬的三个月。

在大火腾空，烈焰翻滚之中，项羽将自己已进入长安城，并杀了子婴的消息，报告了远在彭城的楚怀王。

楚怀王及众大臣并没从项羽的捷报中获得欢喜，而是一个个脸上布满了阴云。

朝中文武心中都清楚：项羽生性桀骜不驯，目空一切。如今亲自统兵40余万，已没有人能对其产生影响或节制作用。项羽此次报捷的目的，明摆着是邀功请赏。如赏赐太低，必增加其对朝堂的藐视与不满。赏赐高了，今后更难控制。

怀王同众文武反复商讨，最后由怀王亲笔，回复了项羽两个字："如约"。

"如约"可以解释为按已有的规矩办，论功行赏。

"如约"也可以解释为落实出兵时"谁先进入咸阳便是关中王"之约。如此，应请刘邦出任关中王，这是项羽绝不会同意的。

"如约"还可以解释为，既然先进入咸阳者为关中王，你已进入咸阳，你可以任关中王。

满怀希望的项羽，等候多天，得到的竟是怀王模棱两可、偏向刘邦的两字答复，联想到出征时怀王再三阻止其担当帅任，心里已大为不悦。促使其下定了弃怀王而自立的决心。

项羽将各路诸侯、大将召进长安城，宣布了自己的决定：

拜怀王为义帝。

项羽自立为西楚霸王，节制各路诸侯，统率三军。

封刘邦为汉王，节制巴、蜀、汉中等41县，留军3万人。

另封章邯为雍王，司马欣为塞王，董翳为翟王、魏王豹为西魏王，申阳为河南王，司马昂为殷王，赵王歇为代王，张耳为常山王，当阳君英布为九江王，吴芮为衡山王，共傲为临江王，燕王广为辽东王，藏荼为燕王，齐王田市为胶东王，田都为齐王，田安为济北王。

任命宣布后，众王侯虽心有异议，但无人敢说三道四，唯有祝项羽升任西楚霸王，感谢霸王的提携。

第二十五章　汉王入关烧栈道　霸王班师回彭城

封侯大典结束后，被封为汉王的刘邦带着满腔怨恨回到自己大帐。萧何、张良已在帐内等候多时。

“项羽小儿，欺人太甚，不按怀王所约也就罢了，这黄毛孩子偏偏封了我一个汉王，欲置我于深山野岭中的蛮荒之地，让我再无出头之日。”

萧何听完，连说：“好事，好事！”

刘邦不解地问：“好从何来？”

萧何说：“在项羽心目中，沛公是他最大的对手，若长期在其身边，必遭其暗算。如今他封沛公为汉王，意在把您封闭起来，使您深居荒山，断绝了同外界的往来，令您浑身本领无法施展，去掉了他的后顾之忧。您正好顺应其心态，装聋示弱，表明乐于躲进深山，过清静日子，安度晚年的决心。然后利用巴蜀之地，消息封闭，土地广阔，兵源充足的优势，多备粮草，多练精兵，一旦时机成熟，便可率大军再入关内，同项羽一决高下。”

在帐内来回踱步的张良，此时停下来说：“萧公说得透彻，既然项羽希望沛公长隐山林，我们就要把隐退汉中这出戏演到位，让项羽坚信，沛公从此失去争强斗胜之志，对沛公再无戒心。”

“那我们这 10 余万人马项羽只允许保留 3 万怎么办？”刘邦问。

张良说：“此事不劳沛公费心，我来处理，先分批次化装成商人、农夫、药夫等模样先行入关一批；化整为零暂时分散各处，待我们入关后再随后入关一批；想办法留在关内一批，以作为我军日后入关的内应。”

刘邦闻听大喜，便命张良依此计而行。

一切安排妥当，刘邦专门向项羽辞别。

项羽假装恋恋不舍地一直送刘邦至刘邦帐前，亲眼看着刘邦的将士多数身着农装，列队奔向关中。

项羽问：“汉王军卒为何那么多人换了农装？”

刘邦说：“我今进入关中，再不能陪霸王南北征战了。关中土地贫瘠，民少粮稀，为保证军中足够的粮草补给，我已安排一部分将士入关后自行开荒种地，自给自足。”

项羽又见走在后面的军卒，每人举着一束松节火把。再次问：“汉王，这又是何意？”

刘邦眼噙泪光，低沉地说：“我的这些将士，许多人已追随我征战多年，有的就是当年和我一起从沛县走出来的。多数人的父母兄嫂都在关内。我带他们入关后，时间一长，难免会有人因思家心切，开小差溜回来。此次入关以后，我让他们先烧了出关的栈道，让他们先绝了回关的念头。”

项羽忙说：“汉王何必如此悲凉？您我相交已久，待我处理完关中大事，还会请汉王回来共商国是的。”

刘邦说：“霸王青春勃发，能征善战，力压群雄，声震海内，楚国强盛就靠霸王啦。我已老矣，上天留给我的时日不会太多了。”说着，眼中再次溢出悲戚的泪花，忙上马同项羽揖别。

项羽眼望着刘邦远去的背影，直到看见入关栈道上燃起熊熊火苗，方才“哈哈”大笑几声，仰望蓝天白云，高声吼叫道：“苍天助我，大局已定矣！”

项羽策马返回霸王府时，沿途但见阿房宫火势仍旺，黑烟正浓，灰尘飘洒，在街面和建筑物上已积了厚厚的一层，甚至行人和疾驰的战马身上也片片点点。大街上的行人见项羽他们经过，一个个像躲避瘟疫一般四散奔逃。马上的项羽长长吐出一口气说：“此处非久留之地，我们也该走了。”

不久，项羽便力排众议，离开长安，一路凯歌高奏，浩浩荡荡地回到彭城。

第二十六章　霸王密令弑义帝　汉王金坛拜韩信

项羽一路风光回到彭城，楚国对他的欢迎并没有他想象得隆重。虽然楚国文武百官在城门外列队欢迎，彭城内所有街道泼洒一新，大街小巷挂满了鲜花，站满了欢迎的人群。但朝中文武并没有出城十里设站相迎，义帝熊心更没有亲自出城迎接，为其牵马扶蹬。项羽心里再次掠过一片阴影。

第二天，项羽命人将一份褒奖参战和阵亡将士的详细名单报给义帝。

十天过去，项羽的报告却如石沉大海，不见任何动静。

项羽再也坐不住了，亲自找到义帝。

义帝不等项羽开口，首先单刀直入地说："消灭暴秦，振兴新楚，霸王你功高盖世，必将受到黎民的万世景仰。这次参战的众将士，有的出生入死，九死一生；有的已为国捐躯。他们都该受到我朝的重奖，并让他们的子孙世代以他们为荣。怎奈，连年征战，农事不兴，民不聊生，国库匮乏，实在拿不出太多的物资。我令众大臣反复合议，他们拿出了一个初步的褒奖办法。"说毕，义帝命人将大臣们合议的奖励办法交给了项羽。

项羽粗略扫过，多是摆花架子式的虚奖。自己所提诸多实质性褒奖办法，多被删去。不由怒从心头起，将手中的茶杯向地上一摔，也不向义帝告辞，便起身扬长而去。

第二天，一将官手持西楚霸王令，直闯义帝宫殿。见到义帝也不下跪，大声对义帝说："霸王为让您生活得更好，决定让您迁往风景秀丽、山水宜人的长沙郴县去，现在就启程。”说毕，也不等义帝做任何安排，便强拉硬拽带出帝宫。

义帝走出宫门，见宫门外早已备好了车辆，并有近千名兵将全副武装，整装待发。义帝虽知此行凶多吉少，但自己手无寸铁，只得任人摆布。

义帝尚未到郴县，衡山王吴芮、临江王共敖便接到项羽密令，将义帝暗杀于途中。

汉王刘邦进入汉中后，一面放宽田赋政策，鼓励军人助耕，一面招募兵马，整训队伍。很快稳定了汉中大局，使汉中呈现一派平安、祥和的景象。

但刘邦心中企求的并不是汉中弹丸之地的一时繁荣，思考的始终是雪鸿门之辱，出关击项，扫平天下。

刘邦心里已清楚，要夺取出关后的完胜，除了兵精粮足外，自己最需要的是一名身先士卒，冲锋陷阵，统领三军，能打善战，在战术谋略上胜张良，在指挥作战中胜项羽的军事奇才。

刘邦将张良、曹参、樊哙、夏侯婴等人反复比较，不是觉得武功不足，就是觉得谋略不够，都不是最佳人选。

正在刘邦绞尽脑汁、一筹莫展之时，忽有人来报：“丞相萧何单人独骑，离营出走，已一天未归。”

这消息太让刘邦不解了，从街头相面，沛县起义，西征击秦以来，萧何既是自己最信任的首辅大臣，又是什么话都可以说的挚友。入关以来，个别军卒思乡念家，或吃不了整训之苦，偶有开小差的容易理解，身为丞相的萧何怎么可能不辞而别呢？急忙传令：“立即派人寻找，一定要把丞相找回来。”

萧何当夜未归，刘邦一夜无眠。

次日午时前仍未有萧何的消息，刘邦迟迟不肯吃早饭。

天近午时，忽有人来报：“萧丞相求见！”正在内室的刘邦顾不得穿上外衣，便小跑着迎出门外。

见了萧何，不等萧何参拜，也顾不得君臣礼节，上前一把抓住萧何的手：“老萧，你给我演的哪出戏呀？”

萧何见状，先感动得泪溢眼眶，任刘邦抓着手进入宫内，萧何重新参拜汉王后站起身说：“我这两天为汉王追半壁江山去了。”

刘邦问："此话何意？"

萧何说："最近数月，我已知汉王的心思多用在寻找统领三军之帅上。我将军内众将反复比较，也没能从中发现完全满意者。同韩信接触后才使我眼前一亮。正当我准备向您推荐时，却听说韩信已经不辞而别，另寻出路去了。我来不及向您禀报，便单人独骑猛追过去。谁知这小子跑得比兔子还快，我追了半天一夜，才望见他的人影。"

"你说的是那个从项羽营中投来的韩信？"

萧何说："正是此人。"

"你已经举荐过他，我不是让他去管粮草了吗？怎么又跑了？"

萧何说："上次举荐，你只给了他一个管粮草的小官，他看无法发挥其军事上的才能，所以又跑了。"

"此人何德何能，胆敢背项羽不久又要背我刘邦？"

萧何说："我对此人观察多日，发现他至少有五大常人难比之处。"

刘邦来了兴趣，坐直了身子，催萧何一一说来。

萧何说："韩信的第一过人之处是志向高远。此人出身贫寒，母亲去世时因无钱安葬，刚刚十几岁的韩信便沿街讨钱葬母。当讨到一个屠户处时，这屠户为羞辱韩信，便说：'你若从我胯下钻过去，你葬母的费用我全包了。'说着便叉开了自己的双腿。韩信毫不犹豫地从这个屠户的胯下钻了过去。没有远大志向的人，谁愿受胯下之辱？

"项羽起兵反秦后，韩信投了项羽，因其武功过人，被项羽选为执戟卫士，服侍项羽左右多年。多次为项羽出谋献策，项羽均不屑一顾。韩信看在项羽手下干不出名堂，才慕名投到汉营。来汉营后看很难得到您的器重，又一次选择另投他门。幸被我发现及时，苦口婆心追了回来。

"我并不是说他忍胯下之辱多豪杰，只是认为他能屈能伸，为了今后的前程，甘忍一时之辱，是条汉子。

"我也不是说他背弃主人是优点，只是觉得他敢于反复背弃原来已取得的岗位，说明他心里肯定有更高远的目标。"

萧何看刘邦虽认真听自己的讲述、分析，但未置可否，便接着说下去："韩信第二过人之处是武功高强，项羽统兵数十万，在数十万人中选中韩信做他的执戟卫士，负责保护项羽的人身安全，这本身便说明他的武功是项营中出类拔萃的。

韩信投入我军后，军中将士出于好奇，许多人找韩信比试武功，但至今没人能胜韩信的。”

刘邦听到这里站起了身，然后说：“接着说下去。”

萧何见他的话已经已引起刘邦的注意，便更加自信地接着说：“韩信的第三大过人之处是勇猛过人。刚投来我军不久，一次我军参加训练的军马受惊，两匹战马拖着战车从山上直冲而下，眼看就要冲入山下的湖水中，造成车毁马伤的惨祸，正巧被山下的韩信发现，他飞一般奔向马的前方，一只手拽住一匹马的马缰，硬是让飞驰而下的战马停了下来。后来，许多人都发现，在韩信勇拦惊马的山坡上，被韩信双脚蹬出了两道深深的石痕。

“来我营第一次逃跑时，韩信同其他逃跑的士兵一起被抓回。和其同案的13人中的12人已被处斩，就要对韩信行刑时，他却大喊：‘难道汉王不想要天下吗?!’正被滕公夏侯婴听到，滕公便让‘刀下留人’，问韩信‘所言何意?’韩信说：‘汉王如想取天下，最需要的是能征善战的将才，现在你们把我斩了，汉王再到何处能找到像我这样的军事奇才?’滕公听他说得虽狂，也不无道理，仔细打量，见他确是身材高大，相貌威武，非同一般，便把他救下来介绍给我，我才把他第一次举荐给您。”

“原来如此”。刘邦一边自言自语，一边若有所思。见萧何停了下来，便再次催促：“接着讲。”

萧何已有了几分把握，便提高声音接着说：“韩信的第四大过人之处是精通谋略。不仅勇，且勇而有谋，熟知兵法。已同子房在一起研习兵法多次，子房讲，韩信的谋略并不在其之下。

近日，他针对目前的时局，初步拟订了一个出关作战的计划，我听了他的介绍后，感觉其谋划非常周密。”

正在踱步的刘邦停了下来，盯着萧何：“是说我出关作战的计划?”

“正是。”

“你以为有道理?”

“我认为还可行。”

“怎么没听你讲起?”

“尚未来得及禀报。”

“那好，你接着讲下去。”刘邦已全神贯注。

萧何心里更加有了底气，便接着说：

“韩信的第五大过人之处是知己知彼。他在项营多年，一直随护在项羽周围。对项营上下的军情，项羽的喜好，用兵布阵之法都了如指掌。现在，又对我军的将士特点，兵源分布等摸得一清二楚。可以毫不夸张地说：目前，全面了解楚汉两军内情的只有韩信。韩信离楚归汉是项羽的重大损失，用好韩信，我军便如虎添翼。失去韩信，我们将可能再也找不到如此优秀的人选。您考虑一下，韩信算不算汉王您的半壁江山?”

刘邦听萧何说完，急问道：“韩信现在何处?”

“正在宫外等候。”

“你传他进来吧。”

刘邦见韩信进来，不等韩信参拜，劈头便问：“你告诉我，如何才能保汉中稳定?”

韩信参拜刘邦后站直了身子，两眼直视刘邦说：“仅保汉中稳定，汉王不需用我，曹参足矣。”

刘邦也盯紧了韩信，再问：“我若用你，该做什么?”

韩信毫不含糊地说：“消灭项羽，荡平诸侯，汉王称帝。”

刘邦先掠过一丝喜庆之色，然后故作惊讶，一脸严肃地说：“你好大胆，敢骗我背楚反项，自取灭亡。”

韩信并无惧色：“汉王背楚反项是迟早的事。小池塘怎能养得下身负天命的蛟龙，汉中弹丸之地绝非汉王久居之处。”

刘邦见韩信已早有准备，便放缓了声音说：“霸王拥兵数十万，统领诸侯，我怎能与其匹敌?”

韩信说：“项羽虽自称霸王，武功盖世，统领诸侯，但其刚性有余，柔性不足；勇猛过人，谋略不足；为人自负，听不进别人好的意见和建议，缺乏驭人之才，更没有管理国家的能力。靠其武功和勇猛挟制诸侯后已成强弩之末，接下来肯定走下坡路。独霸天下使诸侯称臣，却弃关中而都彭城，首先使其失去了地利；封王侯而重亲信，使受封各王已心存不满；残暴地坑杀20余万秦将卒，火烧阿房宫，所过之处残害生灵而不注重安抚民心，使其又失去了人和，天下黎民表面虽臣服于项羽的淫威，但心里都在诅咒其早一天灭亡；特别是项羽残暴地杀宋义，诛子婴，弑义帝，已触犯了天怒。触天怒，失人和，丢地利，项羽的灭亡已成必然的结局。”

刘邦听韩信说到这里，对韩信已刮目相看，便以协商的语气问韩信：“依你看来，目前天下谁能与项羽抗衡？”

韩信非常果断地说：“非汉王莫属。”

刘邦故意说：“我出身寒门，文不能治国，武不能安邦，如今又年老体衰，焉敢背弃霸王？”

韩信哂然一笑，然后说：“如论文功武略，汉王的确都不是最好的。但汉王能知人，会用人，善驭人。许多文功武略比你强的能人志士，同汉王一接触，便认定汉王，愿随汉王出生入死。目前，您文有萧何、陈平；武有张良、周勃、彭越、樊哙、夏侯婴，我韩信正是仰慕您识才、敬才、放心用才的名声才弃项来投的。”

韩信见刘邦已接受了自己的观点，便接着说：“当初西征击秦时，楚怀王曾和南、北两路西征军有约：先入咸阳者为关中王。这约定天下人皆知，您先入咸阳后，礼待子婴和秦朝旧部，安抚人心，秋毫无犯，为不扰咸阳百姓，待咸阳稳定后您又移军霸上，约法三章，三秦百姓，无不称颂。而项羽一进入咸阳，便诛子婴，远士绅，火烧阿房宫。咸阳百姓已对其恨之入骨。现在许多人都盼望汉王能东出汉中，平定三秦，取项羽而代之。只要您大旗一挥，三秦上下定会山呼而群应，必能旗开得胜。”

刘邦听到这里，已是热血涌动，喜上眉梢，对韩信已有相见恨晚的感觉。便以征询的口气问韩信：“依你之意，我现在应该如何办？”

韩信成竹在胸地说：“汉王现在要做的，就是多存粮草，苦练精兵，分化诸侯，出奇制胜。”

刘邦问：“何为分化诸侯？”

韩信说：“在十多个诸侯王中，有的属项羽的亲信，同项羽走得较近；有的摄于项羽的淫威，敢怒而不敢言；有的对项羽已早有异心，心怀不满。汉王要针对各王侯的不同情况，选派能言善辩之士，对已对项羽有异心者言之以情，许之以利，争取他们成为汉王的同盟。对暂时敢怒而不敢言者，多加安抚，促使其能在两军交战时保持中立。对那些同项羽关系较近的，要研究不同策略，争取各个击破。总的原则应该是首战取雍，荡平塞翟，先定三秦，然后北击燕、赵，东击齐，南绝楚之粮道，形成对项羽的战略包围，最后一鼓而击之。”

“难怪丞相反复举荐，信真奇才也！”刘邦已是喜难自制，脱口而出。

“谢汉王夸奖。”韩信再次施礼。

刘邦沉思良久，然后问仍站在原地的韩信：

“你以为，此等重任，应该交给谁去完成？”

“非汉王亲筹难成。”

“我能干什么？”

“统领全局，协调各方。”

“我若亲自带兵打仗，可带多少兵丁？”

“10万足矣”。

“你若带兵，可带多少？”

“多多益善。”

刘邦满心欢喜，对韩信说：“你且回去，候我旨意。”

这天，天高气爽，万里无云。位于汉中各地的兵马，按照刘邦旨意，一大早便集中于汉军大营。

在汉军大营前的开阔地上，已筑起一个又宽又大的高台，高台四周插着10面鲜艳的汉军军旗，风吹旗动，发出呼啦啦的响声。高台后方立着一幅汉中地形图，图上方用松枝摆放成七个大字：大将军拜授典礼。高台正中立放着一套威风八面的大将军服，上戴大将军头盔。大将军服的右前方，一个精致木架上放一块雕龙四方板，板上铺双层绣龙黄绸，黄绸上放一把寒光闪闪的宝剑，剑鞘用上等楠木做成，镶嵌着10颗宝珠。左前方同样的木架、木板、黄绸上，则放着一枚黄玉雕刻的大将军印玺。

看到这里众军士才似乎明白，今天汉王要选定大将军，并亲授印玺、佩剑和大将军服。

于是，军中便议论开了：

“汉王选定的这位大将军是张良吗?”

“也可能是彭越将军。”

“我看夏侯婴将军的可能性大。”

“从一开始就跟随汉王，同汉王关系最近，情谊最铁的要数樊将军，会不会是他呢?”

樊哙真有点按捺不住，他找到了张良：“你老夫子真沉得住气，这么大的喜事，为啥不给俺老樊透个口风?”

张良此时正有点丈二和尚——摸不着头脑。见樊哙如此说，便反唇相讥道：“要说你老樊还真不地道，你我平时无话不谈，汉王授大将军这么大的事，你怎么事前一个字也没透露?”

正在万军营中嘁嘁喳喳热议之时，就听“咚咚咚”一通鼓响，一队内侍全副武装，分成两路，引领汉王走上高台后分列两侧。

汉王今天经过了精心打扮，着装整齐，气宇轩昂，在台中站定，扫视四周后，高声说：“为提高军威，展我雄风，统领汉军，克敌制胜，我决定拜授韩信为大将军!”

此言一出，众皆愕然，相互用惊诧的目光四面对视。

刘邦并不管下面人的表情，他提高声音说：“请韩信登台受拜!”

韩信三步并作两步跨上高台，向刘邦跪拜，刘邦急忙扶起，手扯韩信在将军服前站定，亲手为其戴上将军头盔，穿上将军服，递上大将军印玺，双手托起宝剑绕高台一周，然后右手紧握剑柄，将宝剑高高举起，站立高台中央，声色俱厉地说：“这把宝剑是我命人精心打造的，现将它交给大将军，从今以后，汉军各路兵马全部归大将军调动，有不听调令的，无论汉军将官、军士，大将军皆可先斩后奏。”言毕，再次双手平托，拱手交给了韩信。

韩信接剑在手，正欲讲话，汉王刘邦却退后三步，向韩信恭恭敬敬拜了三拜。

数万将士见刘邦如此，全部跪拜在地，同声高呼：“汉王万岁!”“听从大将军号令!”

韩信激动得热泪盈眶，在高台上面向刘邦和众将士长跪不起。

第二十七章　修栈道楚军听调　度陈仓再定三秦

公元前206年冬，汉王刘邦得到齐军反楚，项羽正在谋划对齐作战的消息，便果断决定，东征反楚。拜韩信为大将军，任命曹参、樊哙为先锋。

他们先命曹参亲率1万大军，全力抢修入汉时烧毁的栈道。消息传到楚营，项羽哈哈大笑着说："让他们修栈道吧，不等他们修好栈道，我便可荡平齐国，然后再挥师灭了刘邦。"命雍王章邯将重兵先调向栈道出关附近，以应不测。项羽亲率大军放心地组织与齐国的交战去了。

此时，韩信已亲率大军，潜出故道，翻越秦岭，在雍军毫无戒备的情况下，如天降神兵，顺利攻克雍国重镇陈仓。

雍王章邯闻信，急调大军星夜赶往陈仓御敌。行至中途，便钻进韩信提前设下的伏击圈。已精疲力竭的章邯军，忽听四面战鼓响，一片喊杀声，见汉军从四面八方将他们团团围住，早失去了战斗意志，多数缴械投降，少数反抗者，被汉军全部斩杀。章邯乘夜趁乱，单人独骑，冲出重围，落荒而逃。

韩信率领的大军，在短短两天一夜时间内，便克陈仓，围歼章邯重军，取得出关后的辉煌胜利。

消息很快传开，三秦百姓自发组织起来，欢迎汉军，送粮送面，送子女加入汉军。司马欣率领的塞军，董翳率领的翟军，本已失去民心，军心涣散，战斗力很差。现在看到原本强硬的章邯刚刚交战，便几乎全军覆没，哪还有同汉军作战的胆量？听到汉军的风声，便降的降，逃的逃。韩信大军一路高歌，很快平定了三秦。

第二十八章　联军合围取彭城　狂风突起救刘邦

刘邦得知韩信率军出关大胜，已平定三秦的消息，便命萧何留守汉中，保证汉军的粮草供应，自己亲率大军出关同韩信等合为一处。

刘邦再入咸阳，声威大震，很快便收降了塞王司马欣、翟王董翳、魏王豹，并说服河南王申阳、韩王郑昌、殷王司马昂背楚降汉。

刘邦探听到此时的项羽仍在同齐国作战，彭城空虚，便决定一鼓作气，联合已降汉诸王和赵王歇等组成60万击楚大军，从不同方向，浩浩荡荡，杀向彭城。

由于楚军主力多已随项羽出征，彭城守军在60余万联军压境的形势下，除少数投降刘邦外，多数弃城而逃。

刘邦进入彭城后，认为项羽远在齐国作战，即使闻讯回援，也需要较长时间，便放松了警惕，尽情在彭城约见故交，宴请旧友。

项羽听到刘邦已率领联军攻入彭城的消息，连夜精选3万骑兵，人人轻装，昼夜兼程，只用了一天一夜便赶到了彭城。

此时的刘邦正在酣梦之中，各王侯的联军也没有任何思想准备。项羽率领的3万精骑，一个个训练有素，如狼似虎。所到之处，如摧枯拉朽一般，很少遇到抵抗，只杀得一路鲜血喷涌，一路呼爹喊娘，一路城门洞开，一口气杀到彭城的中心。

睡梦中的刘邦被樊哙临时组织的亲兵强行拉起，边战边退，夺路而逃。

项羽听到刘邦的消息，便亲率1万精兵追杀刘邦。

樊哙率领的这近千名亲兵，虽人人忠心耿耿，身手不凡，怎奈仓促应战，怎抵得住项羽率领的1万虎狼之师？这些人拼尽全力，且战且退，逃出彭城后仅剩下300多人。

项羽已看到刘邦，大声高喊：“前面穿红衣服的便是刘邦，有斩其头颅者，赏金十万！”

项羽的喊声鼓舞了项军的士气，这些精兵拼上吃奶的力气，一齐向刘邦杀去。

樊哙见情势危急，急命人换上刘邦的衣服，并令另外2名亲兵也同时换上红色的衣服，然后每10人保护一人，同时向三个方向奔逃，樊哙则护着已换装的刘邦，加快速度突围。

樊哙的这个办法的确一时迷惑了项羽，项羽的精兵兵分三路，围杀三个红衣人，全部斩杀之后，项羽发现上当，再次加快速度追击刘邦、樊哙等人。

经过这番厮杀，刘邦身边仅剩下100多名精兵，奔逃之中，突遇一条大河拦住逃路。前进，河深水急，刘邦又不识水性；后退，项羽的追兵已至。刘邦见此情景，举剑高喝：“难道天要亡我刘季吗？”

言毕，挥剑向自己的脖子砍去。

樊哙眼疾手快，忙用自己的剑将刘邦的剑挡开。高喊：“大哥不可如此，我们用自己的生命也要保护住你的安全。”

樊哙言毕，仅剩下的100多名亲兵同时向刘邦靠近，人人双手举剑，二目圆瞪，已做好同项羽追兵同归于尽的准备。

项羽见此场景，也不由心中一动，惊叹刘邦平时带兵有方，在距刘邦五六米处，喝停战马和已经杀红了眼的精兵，高声喊道：

“刘邦，我念咱二人曾并肩反秦的分上，你若投降，我免你不死。”

刘邦见事已至此，便说：“你若放了我这些亲兵，我刘季任你处置。”

项羽说：“只要你这些亲兵现在离你而去，我随他们远走高飞。”

刘邦说：“大丈夫说话算数？”

项羽说：“只要你肯留下，我绝不食言。”

刘邦眼含热泪对众亲兵说：“刘季无能，今生不能陪众弟兄征战疆场了，请众弟兄就此作别，各奔前程吧。”

哪知刘邦话音刚落，众亲兵均眼含热泪，边向刘邦靠得更近，边喊：“生是汉王的兵，死是汉王的鬼，宁可和汉王同死，绝不背弃汉王。”

项羽见状，也禁不住浑身发抖，低颤着声音对刘邦说：

“刘邦，莫怪我无情，我今天成全你们！”

说完长剑一挥，1 万如狼似虎的精兵一起仗剑舞戟，杀向刘邦。

就在刘邦再次举剑欲自刎之际，忽然在两军队伍中间平地卷起一阵狂风。这狂风携沙裹石，呜呜怪响，眨眼间遮天蔽地，项羽的许多精兵被从马上卷到地下，高大的项羽也被连人带马不知吹向何方。

刘邦见状，立即命令樊哙率领众亲兵突出重围，一口气跑离彭城 60 余里，见到了韩信率领的突围人马。

刘邦叮嘱樊哙：“要把这次一同突围兵将的名字全部记下来。”

后来，这些亲兵全部得到刘邦的重用或奖赏。

大风过后，项羽重新整顿人马，已不见了刘邦的踪影。项羽仰天长啸：“苍天不公，为何偏爱刘季？”

项羽回到徐州，方知随刘邦同进彭城的吕雉、刘邦的父亲刘太公等人已被生擒，便命人看管起来，好生款待。

第二十九章　日设盛宴招旧部　夜闻乡音得新欢

刘邦一路收集逃散旧部，撤至荥阳，便安顿下来。命人每日在荥阳四门设宴，凡返回的兵将，自愿参军人员先命其吃饱喝足，再发给每人一套新衣。

八方闻信，前来投奔刘邦的旧卒，自愿参加汉军的青壮络绎不绝，一个月内刘邦的汉军便补充发展到20多万人。刘邦便命韩信率军击赵，命大将周勃率军攻打仍负隅顽抗的章邯，以扫清汉军同关中来往的障碍。刘邦则坐镇荥阳，协调督战。

这天傍晚，刘邦巡视荥阳四处守军后返回大营，忽有一阵清脆悠扬的歌声从远处飘来，这声音使刘邦倍感亲切，仔细听时，原来是沛县家乡的一首民间小曲。

刘邦循声过去，在离大营不远处，一个年约20岁的姑娘，正手抚柳琴，边弹边唱，只见她右手拨动丝弦，如蜻蜓点水，似飞燕掠波；左手四指纤纤，点按如秀女采茶，轻抚似猴子捞月；红唇开时，一缕春风吹翠竹，万千水珠敲石崖，琴声和着纯净的曲声，让人如入琼台仙乡，似在温柔梦里。许多听者随着她那琴声、歌声，微闭了双眼，轻摇起头项，如醉如痴。

刘邦再看那姑娘，面如凝脂，腮露红荷，细眉高挑，秀眼荡波，初看如观花赏月，细赏已摄魂动魄。又觉似曾相识。刘邦尽情回忆，一时竟没搞清是已有交往，还是曾梦里相见。

正在刘邦瞪大双眼，直勾勾欣赏那女子，已近失态之时，那姑娘忽然停了歌唱，抱起柳琴，如一阵清风，刮落刘邦膝下，边施礼边吐出几个更令刘邦丢魂动情的字来："恩人，我总算找到你啦!"

刘邦似从梦中返回，双手忙扶起姑娘，再度认真审视。

姑娘看刘邦似没认出自己，又说："恩人，您认不得我，还记得当年沛县街头，头插草标的丫头吗?"

刘邦闻言，大喜过望："你就是当年的戚童，怎出落得如此标致?"

听到刘邦的夸奖，戚女已羞云罩面，双眸含情，使已届花甲之年的刘邦更难招架。忙离开众人，引领戚女走进自己的临时行宫。

原来，当初戚女被刘邦救下后，回家不久，爹爹便不治身亡。她跟着爷爷辛辛苦苦，务农种粮，奉养残疾的母亲，母亲因父亲早亡而悲伤过度，父亲去世两年后，母亲也离她而去。她和爷爷便随一个唱扬琴的亲戚一起远离家乡，靠卖唱糊口。

后听说刘邦在沛县举旗反秦，爷孙俩曾几次去找刘邦，都因时机相错，没能见面。爷爷死时，曾嘱咐她："你一定要找到沛公，再定你的终身大事。"她便四处游唱，打听刘邦的下落，今天总算天遂人意。

刘邦对戚氏十分爱怜，本想将其收为义女。怎奈戚氏见了刘邦，便将平时的仰慕报恩之意，迅速转化为倾心爱恋之情。见面后便频送春意，黏着不放。此时吕雉已不在刘邦身边多日，饥渴中的刘邦哪经得起年轻漂亮、如花似玉的戚氏的纠缠，便顺水推舟，遂了戚氏的心愿。

快老年的刘邦，从此与戚氏难分难舍，形影不离。以至于吕雉回到刘邦身边后，也仅仅是保留了一个第一夫人的名分，很少有实质性的内容。刘邦在宫时，多由戚氏侍寝；刘邦出行时，多由戚氏陪驾。由此为戚氏种下了祸根，刘邦死后，戚氏及其子刘如意，都惨遭吕后毒手，下场悲惨。

第三十章　火烧孤城章邯自刎　盆渡奇兵韩信攻赵

周勃奉汉王命西击章邯。

章邯率兵解救陈仓之围大败于韩信后，只带领少数残兵败将侥幸冲出重围。后来乘刘邦大军东攻彭城之机，又招纳部分旧时兵卒，总共网罗了近万名兵丁。只待项羽再次西征时，作为其内应，东山再起。

听到周勃率军前来决战的消息，章邯自知寡不敌众，便将其各处兵丁集中于一山间小城之中，妄图借助于小城易守难攻的有利地势，拖延时间。

周勃大军逼近小城后，连续发起多次攻击，均无功而返。

这天，周勃骑马绕小城一周，只见这座小城建于两山之间，南北山势险峻，东西正坐落于一条山谷之中。当战马行至城西侧时，阵阵西风吹来，几次将周勃的战袍吹起，战马被风吹得不能正常前行。

见此情景，周勃心中暗喜。回营后便命人从山上砍来松枝，堆积于城东、城西的山谷之中。

这天，忽有人来报："山谷中已刮起较大的西风。"

周勃一面命人点燃城西堆积的松枝，一面命守在南北山坡上的将士，分别从南北两面将点燃的松枝火把投射进城中。

风助火势，火借风威，含油的松枝被火引燃后，冲腾起数丈高的火浪、烟浪。再加上南北两面投射进城的火把，火把引燃了城中的柴草、房屋。很快，这座孤城便陷入一片火海之中。但见火龙飞舞，狼烟翻腾，到处是人哭马叫之声。侥幸逃出城来的，不分居民、士兵，出来一个，被汉军俘获一个。

城中的章邯，听着四面的哭喊声、叫骂声、受伤人员的呻吟声，自知大势已去。想想当年自己带秦军远征，杀陈胜，灭项梁，几次为秦朝扭转了危局，何等风光，何等威风。败在项羽手下后，虽免遭杀戮，后来又被封为雍王，但总有一个背主投降的黑锅扣在自己头上，使自己在三秦民众面前再也直不起腰，抬不起脸，长期过着自责、怕人嘲弄的生活。如今，项羽远在彭城，已不可能发大军来解救自己。现在如冲出城去，汉王也可能给自己留下一条命，但再次背主求命，一世英名必将付于流水，招致更多人耻笑，有何颜面面对家乡父老，面对亲人故交？人活百岁总要死，何必苟且求余年。想到此，拔出腰间宝剑，双眼紧闭，双臂用力，剑至脖项，一股鲜血喷涌，双行清泪洒落，秦朝的最后一名战将，便在熊熊的大火中倒下了。

后人曾为章邯赋诗一首：

临危请缨率军征，
连传大捷显威名。
独木难支大厦倾，
只将悲魂留孤城。

韩信率大军逼近赵国时，赵国已做好迎战的充分准备，沿界河对岸部署了重兵。如强行进攻，势必造成众多的将士伤亡。

韩信一面命人在面对赵国重兵的对岸，广备战船，操练兵丁，大造强行攻赵的阵势。一面选派 1 万名精兵，逆流而上，在距赵国沿河防线外 30 里的地方，以木盆、竹筏等为渡水工具，在夜色掩护下，神不知鬼不觉地渡过河去。

五更时分，赵国兵将多数还在睡梦中，汉军奇兵忽从天降，很快打乱了赵军的阵脚，对岸的韩信大军乘势渡河，一举撕破赵军的沿河防务，直逼赵国都城。

第三十一章　汉旗千面惊敌胆　霸王重兵围荥阳

韩信乘胜追击，赵军急调各路人马集中于都城之下，与汉军摆开决战之势。

汉赵两军多次交锋，终因赵军在数量上远多于汉军，并在后方补给，兵源补充上具有明显的优势，迫使汉军的进攻再也不能向前推进。

这天，韩信亲率大军，从三面围攻赵军，攻势犀利，气势逼人，使赵军明显看到韩信在孤注一掷。便将赵军也分成三拨，每拨都在数量上远超过汉军，并明示全军："赵军将士每杀一名汉军，奖银10两。"极大地鼓舞了赵军士气。

双方大战至午时，三路汉军全部落荒而逃。见汉军大败，各路赵军大喜过望，倾巢而出，尾随追击，见各路赵军已全部出营，逃跑中的汉军突然反过身来再与赵军交战。

这时，在赵军的左右两翼又同时杀来了两路汉军。

激战中，赵军忽听其背后战鼓齐鸣，呐喊声响成一片，回头看时，赵军军营中已插遍了汉军军旗。

汉军边战边一齐呐喊："赵城已破，赵王已被擒，赵军快投降。"

赵军阵容大乱，再无心恋战，多数人就地缴械投降，少数人弃阵而逃。

汉军乘胜猛追，一口气攻下赵国都城，迫使赵王归汉。

原来，此役为韩信使用的"调虎离山"和"兵不厌诈"之计。

他先组织大量汉军从正面进攻，又将两队人马埋伏于两翼，同时选2000名精兵，每人持一面汉旗，绕道于赵军大营后方。待正面攻击大军佯败后撤，赵军倾巢出动穷追时，两路埋伏汉军从两翼杀出，已绕至赵军后方的汉军则乘势冲进赵营，拔了赵军军旗，换上汉军军旗，造成了韩信大军已攻进赵军大营，俘获赵王的假象，使赵军军心大乱，汉军乘势取胜。

消息传到彭城，项羽气得暴跳如雷，急调大军，欲找韩信决战。

范增则对项羽说："我可以料定，此时韩信已做好迎战我们的充分准备，周勃、灌婴等汉军，也可能已合为一处。我们如赴赵击韩，韩信等汉军以逸待劳，我军可能钻进汉军设下的圈套。"

项羽觉得范增说得有理，便问："依亚父意见，我军当如何行动?"

范增说："刘邦急于扩充地盘，四面出兵，荥阳的兵力一定不多，如果我军迅速出击，在各路汉军来不及回救的情况下，一举荡平荥阳，活捉刘邦，霸王大业可成矣。"

项羽按照范增的计策，亲率60万大军，直扑荥阳。一路急行军，很少遇到汉军的有力抵抗。

得到项羽大军已直逼荥阳的消息，汉王的文臣武将力劝刘邦快速撤离。唯有张良提出了不同意见。张良问刘邦："汉王是想要天下呢? 还是要暂时的平安?"

刘邦反问："各位兄弟随我南北征战，殊死拼杀多年，图的不就是能打下我们自己的江山吗?"

张良又问："如汉王据守荥阳，项羽会做何打算?"

刘邦说："项羽就是抱定擒贼先擒王的决心来的，我如不走，项羽大军必定久围荥阳。"

张良再问："如项羽大军久围荥阳，汉王担心自身的安危吗?"

刘邦沉思良久后说："鸿门宴那么凶险都闯过来了，如今荥阳四面都有我们的将士，还怕项羽破城吗?"

张良一边自己鼓掌，一边哈哈大笑着说："汉王有此雄心，大事可成矣!"

不等刘邦发问，张良便接着说："如汉王不离开荥阳，等于用城内10万汉军牵制了项羽的60万楚军。韩信、周勃、灌婴、彭越等部便可放开手脚，迅速发展壮大。一旦时机成熟，我军如能说服英布反楚归汉，命韩信大军东击夺齐，便在楚军背后形成了一个更大的反包围圈。到那时，汉王仗剑一挥，各路汉军围歼项羽，还愁霸王不灭吗?"

刘邦腾身而起："就依子房之见，这次我刘邦同项羽赌上了!"

第三十二章　霸王计穷辱长者　刘邦戏言掩箭伤

项羽大军杀气腾腾逼近荥阳后，见刘邦闭城不出，便派人每天到城门叫阵。任楚军敲破战鼓，喊哑嗓子，荥阳城内均无丝毫回应。

项羽便命楚军强行攻城，怎奈这荥阳城外四面被护城河环绕，水深数尺，水下已被汉军提前放置了铁蒺藜，毒竹签，舟船无法行驶，人员不敢入水，护城河以内，又有50米的淤泥带，泥深两米多，人陷进去便很难出来，淤泥带后是高高的城墙。项羽连续组织多次进攻，别说登城，根本无法越过护城河，气得项羽哇哇大叫，连斩多名率队进攻的将领。

这天，项羽亲自率队来到护城河外，命人高喊："刘邦的老爹在此，要还是不要?"

护城将士闻听，忙将消息报与刘邦。

刘邦自彭城战败后便再也没见过父亲刘太公，闻听后，急忙登上城头。

项羽遥望刘邦已在城头露面，便命人从军中抬出一大型剁肉的砧板，砧板上捆绑的正是刘太公。

刘邦远远望见老父亲被捆绑在砧板上，险些晕倒，泪水止不住哗哗流下来，周边将士见状，纷纷跪下大哭，整个荥阳城头上一时如发丧般一片哭声。

项羽见自己的计谋已经奏效，便对着城头高喊："刘季小儿，你老爹就在砧板上，你若投降，我保你父子一生荣华富贵。你若不投降，我今天就将这老头剁了，煮成肉汤赏赐三军。"

刘邦突如梦中惊醒一般，自责自己险些中了项羽圈套。便强按怒火，语言平静地说："项羽，你与我早已结为兄弟，我父就是你父，你如果肯煮你的父亲慰劳将士，请分一碗热汤给我。"说毕，刘邦双膝跪伏于城头上，泣泪高喊道："父亲，你项羽儿无德，不孝，你季儿无能，容我下世回报您老人家！"说罢，跪在城头上，面向刘太公方向连磕三个头。

此时，不仅荥阳城头一片悲哭之声，荥阳城下的楚军队伍中也有人忍不住发出低泣之声。

项羽眼见自己的得意之作弄巧成拙，恼羞成怒，拔出宝剑就要向刘太公砍去，早已跟随其身边的项伯急忙拦住项羽，劝他无论如何不要干招天下人指责的傻事。

项羽的怒火无处发泄，面向城头上的刘邦怒吼道："刘季，你小子龟缩在城内算什么本事，有能耐你走下城来，咱二人一对一决个输赢！"

刘邦哈哈一笑："项羽，我同你交手，怕脏了我的手。你这样的恶人，只有我手下的罪犯才配揍你。"

项羽挥舞着手中的宝剑说："鸿门宴上我放你生路，咸阳城里，我封你为汉王，你不思报恩，反乘我平定齐国之机偷袭彭城。如今又杀雍王章邯，攻击赵国，你才是恶人。"

刘邦挺直身子，提高嗓音说："小项籍（项羽的乳名），你还有脸提鸿门宴？现在，天下人都知道你犯有十宗大罪，如今，汉楚两国，诸将士在此，我且把你已犯下的十宗大罪说与众将士评判，看你是不是当今第一大恶人。"

"你的第一宗大罪，假传王命，枉杀宋义，自立为帅。"楚军队伍中已有人互相对视，眼露不悦。

刘邦接着说："你的第二宗大罪，不听怀王号令，擅自挟持诸侯入关。"项羽听到这里，非常不悦地偷看了一下身边王侯的表情。

刘邦又说："你的第三宗大罪，用兵疑兵，性格残暴，一次坑杀秦降卒20余万人。对此，三秦民众谁不将你恨得咬牙切齿？"

不顾项羽两眼冒火，刘邦再说："你的第四宗大罪，背弃西征击秦时同怀王'先入关者为关中王'的约定，自称霸王。你的第五宗大罪，屠戮咸阳，杀子婴，盗秦陵，火烧阿房宫。咸阳百姓，谁不知你小儿就是一个下三烂的盗墓贼，不食人间烟火的畜生！”

“刘季！刘季！你气死我也！”项羽气得双腿用力，把胯下的战马挟疼得原地转圈，跳跃。

刘邦见已戳到项羽的痛处，进一步提高声音并加快语速说：“你的第六宗大罪，以臣犯君，咆哮朝廷，蔑视大臣。你的第七宗大罪，自封诸侯，重用枭党，排斥异己。你的第八宗大罪，抢夺韩地，将梁、楚二国据为己有。你的第九宗大罪，先驱逐义帝于他乡，然后又暗中派人杀害。”

刘邦说到此处，城上的汉军一齐举刀挥戟，同声高喊：“恶人，项羽！恶人，项羽！！”楚军阵营中则人人面色凝重，鸦雀无声。

刘邦再次登上一个高台，面对城下高喊：“项籍，你既已与我结拜为兄弟，现又将你的义父捆绑于砧板之上，这就是你的第十宗大罪。试问，天下还有比你更无君无父、寡廉鲜耻的人吗？你为夺帅印杀宋义，称了霸王又杀义帝，只要你稍不顺眼，是帅、是君、是父，都可挥剑杀之，谁还敢同你处事？谁还敢随你左右？”

刘邦说得痛快，手舞足蹈。项羽早已怒发冲冠，双眼圆瞪，拼死劲拽动弓弦，将一支利箭射向刘邦。刘邦猝不及防，被射中下腹部，当场倒地。

在项羽暗自高兴、正将举弓欢呼时，却见城上的刘邦又站了起来，手指项羽，笑说：“项籍小儿，我本以为你武功还可以，想不到你的箭法差到如此程度，哪个村夫是你的老师，这么近的距离，竟射到我的脚上?!”

实则是刘邦为麻痹项羽，稳定军心，强忍疼痛，故作平静。不等刘邦再说，身边的樊哙和几名内侍便搀挟刘邦回到行宫。

第三十三章　四面封锁断粮道　白发老叟献地仓

项羽回到大营，余怒难消，心烦意乱，进门后一剑劈烂了茶桌。一内侍刚走近其身边，被其飞起一脚踢出帐外。抬脚正欲踢内侍身后的人时，发现来人是范增，方才强压怒火，请范增入座。

范增并未就座，站在帐内对项羽说："霸王不必恼怒，我们完全有办法让刘邦自己走出城来。"

项羽为之一振，忙问："亚父有何妙计？"

范增说："荥阳城乃弹丸之地，本来粮食就储存不足。如今，刘邦的 20 万大军驻进这座小城，每天要消耗多少粮草？只要我们用大军围定荥阳，不放一兵一卒入城，不出三个月，城内粮草耗尽，刘邦不出城投降，也必定饿死城内。"

项羽闻听大喜，急传令楚军将荥阳城四面合围，四门封死，一个麻雀也不准放进城。

范增此计的确歹毒，城内同城外的联系被封死后，不仅城内大军得不到城外的粮草补给，汉军大营同各路汉军的联络也遇到了困难。

两个月过后，荥阳城内的粮草供应已出现杯水车薪的局面，为苦撑危局，只好杀战马充饥，并将军民的一日三餐改为一日两餐。

又过了半个月，不得不改为一日一餐。由于局势危险，饥饿难耐，常出现城内汉兵趁夜出城降楚的现象。

眼看形势越来越严峻，刘邦便召集文臣武将商量对策。

樊哙等将士建议，趁夜半之时，集中城内全部兵力，从一个方向拼力突围。

曹参则提出，为防不测，确保汉王的安全，应设法调集各路汉军，对项羽形成反包围，在荥阳同楚军决一死战。

张良则认为："夜半突围，双方兵力悬殊，且我军多日饥饿，战斗力已明显降低，风险太大。

"调集各路汉军同楚军决战，如今汉军在整体数量上尚处于劣势，一旦交战，项羽再调动齐王和九江王的大军赶来支援，我军仍可能遭受重创。

"如今，韩信大军已平定赵国，因项羽平齐和营救上一次彭城之围时，九江王英布没按项羽要求出兵，项、英之间已相互猜疑。如我们能在此再拖住项羽大军两个月，北派大军联合击齐，南劝英布弃楚归汉，整体战场形式就会完全由我掌控，项羽可灭，天下可定。"

众大臣问子房："休说再坚持两个月，就是再过10天，城内人无粮，马无草，人心惶惶，局面如何控制?"

张良被问得一时语塞，便看汉王。刘邦正为此事发愁，虽强装平静，仍一言不发。

正在僵持之时，忽有人来报："门外有一白发老人求见汉王。"

刘邦忙说："快请!"

来人身材高大，满头银丝，红光满面，两眼有神。进帐后见这么多大臣都在，稍微犹豫一下后，马上向汉王施礼。

刘邦似已看出老者的心思，急忙走向前去，双手挽起老者，直接领入后堂。

老人没想到汉王会如此礼待他，到了后堂，便直奔主题："我是关中人，20年前被本地一富商找来，和几十位乡邻一起帮其修建一座地下粮仓，这富商怕被人发现，让我们白天休息，夜晚干活。前后三年，粮仓修好，并存入大量珠宝和米粮。建成后，这富商便以带我们外出游玩的名义，将我们装进一艘大船。我担心富商有诈，乘夜跳入水中。

"数月后我装扮潜入荥阳，既不见众乡邻里的身影，也没有那富商的消息，便隐姓埋名，在此地混日子。现在眼看全城百姓和这么多大军受饿，便冒死向您禀报。"

刘邦听后大喜，忙唤来张良和樊哙，让他们同老人一起去找地下粮仓。

当晚已至夜深，刘邦终于等来了期盼中的张良。

张良满脸含笑，连说："汉王大喜！汉王大喜！"

刘邦急问："情况如何？"

张良说："这粮仓建在城西北角，出口在一空闲豪宅的马厩内。打开粮仓，不仅可解决城中军民暂时的吃粮难题，更解决了我们长期坚守荥阳的难题。"

原来这粮仓规模宏大，设计奇妙，虽过去了这么多年，储藏的粮食仍不影响食用。粮仓的外围已穿过护城河，伸出城外，只要稍加延伸，便可以在项羽重兵外挖一出口，从此便可打通荥阳城同外界的联系。

刘邦听完，大喜过望，连说："天助我也！天助我也！"便命张良去组织实施，并再三叮嘱张良："不要声张，不要惊动楚军。"

第三十四章　趋明避患英布投汉
心灰意冷范增还乡

刘邦将劝说九江王英布弃楚投汉的任务交给了陈平。

陈平首先用重金收买了项羽身边的一个侍从。

这侍从是英布的同乡，两人常有交往。他便瞒着项羽，以楚使的身份找到英布，私下对英布说："如今荥阳战事趋紧，霸王的粮草供应已出现问题，这次霸王让我来，一是令你出兵相助，二是令你多备粮草支援荥阳楚军。"英布面露难言之色。侍从哂然一笑："我已知道你的难处，但你尚不知自己的险处。"

英布问："险从何来?"

侍从说："据我观察，无论你此次表现如何，荥阳战事一旦结束，霸王绝对不会放过你。他对你攻齐时没按军令派兵参战，刘邦攻取彭城时，你左右观望，态度暧昧，一直怀恨在心。霸王的脾气你是知道的，宋义、义帝说杀便杀了，对你更是无所顾忌，只是暂时没腾出手来。"

侍从所说，正是英布长期担心的事，忙问侍从："如何是好?"

侍从说："咱们作为乡邻，我只能把我知道的告诉你，大主意还靠你自己拿。再说，荥阳战后，霸王的前途如何，眼下也很难预料。如今，无论在人心向背，还是在整体战局态势上，汉王均已占据优势。"

最后，英布让侍从转告项羽："九江王正在积极筹备粮草，近日内将亲率大军和粮草来荥阳参战犒军。"

侍从走后，英布马上召见陈平派来的汉使。

英布问：“依你之见，这江山会姓项还是会姓刘？”

汉使说：“项羽必败，汉王必胜。”

英布问：“此言怎讲？”

汉使说：“此事早已定论，汉王是赤帝子，早晚必即帝位，项羽乃一介武夫，怎能成就大器？汉王胸宽如海，群贤齐至，项羽为人多疑，身边养不住贤能；汉王慈爱仁厚，深得民心，项羽骄横歹毒，万人唾骂；如今，表面看好似楚军重兵围住汉王，霸王仍不可一世，实则汉王仅用20万汉军，便在荥阳牵制住了项羽的60万大军，荥阳被围已六个月有余，项羽连荥阳城河尚未蹚过。而在外围，韩信已收复赵国，周勃将军已逼杀雍王章邯，汉王大军已发展到100多万，在整体战局上已占有绝对优势。项羽至今还蒙在鼓里，全心围困荥阳。仅此几点，九江王以为将来江山是姓刘呢？还是会姓项呢？”

英布又问：“我若弃楚投汉，对我有什么好处？”

汉使说：“汉王已经明确允诺，若九江王弃楚归汉，九江王封爵不变，疆域可北扩至彭城以南，既为九江王保留了前程，又可避免九江王所辖区域免遭战火，此地黎民都会齐声称颂九江王的功德。”

英布再问：“我若归汉，汉王如今让我做什么？”

汉使说：“只要九江王宣布弃楚归汉便可。”

英布正待说话，忽有内侍禀报：“宫外有楚使求见。”

不等英布发话，汉使便说：“我敢断定，此番楚使又来，定是项羽见你仍按兵未动，令你速去荥阳霸王的大营，此时你若前往，下场不会比宋义好。”

英布闻言，气得将手中茶杯猛摔于地。

汉使乘机高喊：“碎了！”

宫外将士误以为英布要“碎了”楚使，便将楚使杀了。

待英布明白过来，一切已成定局，只得对汉使说：“请你拜奏汉王，我九江王从此举定汉旗了。”

陈平收买的内侍返回项羽身边后，多次向项羽进言：“亚父让霸王率几乎全部楚军来剿灭刘邦，又不让霸王强行攻城，亚父说，只要围住荥阳三个月，刘邦必死。如今六个月过去了，城内仍一切正常，北面的韩信、周勃、灌婴等汉军却节节取胜，我们会不会陷入什么圈套？”

项羽因荥阳战局不利，本已对范增失去信心，现在听内侍如此说，自己虽一言不发，心里却埋下了一个大大的问号。

恰在此时，范增来告诉项羽：“城内刘邦派人来求和，请我军入城谈判，我已派人过去。”

项羽闻言，立即大声说：“速令你派出去的人返回。”

然后，项羽派了自己的两个亲信入城。

两名楚使进城后，早有陈平派的人接住。前来迎接的人如待老朋友一般，热情地将两名楚使迎进陈平帐内。两位楚使刚刚落座，便听陈平一边喊着：“亚父密使安在？”一边一阵风似的飘进帐内。见了两位楚使，顿显一脸愕然。马上改变语气问：“二位是？”

两位楚使一脸傲气地说：“我们是奉霸王之命，前来谈汉王受降事宜的。”

“汉王受降？”陈平哈哈大笑说，“项羽死到临头，还敢开如此玩笑？”

陈平略作停顿，对二位楚使说：“二位进城已看到，项羽曾叫嚣‘三个月内必生擒汉王’，如今六个月已过去，荥阳城内秩序井然，军民欢歌，士气高昂，这是天佑汉王。”

陈平见两位楚使一脸迷茫，又接着说：“你二人回去以后告诉项羽，如其现在投降，放弃攻城，汉王可考虑为其保留彭城封地，仍以霸王称之。如再执迷不悟，汉军便不客气了。”说完，不等二位楚使反应过来，便大喊一声：“送客！”从门外进来四名武士，将两位楚使灰溜溜地押出城去。

项羽闻报，气冲斗牛，立即让人传来范增，不等范增说话，也不称“亚父”，恶狠狠地问：“背着我，你都干了哪些勾当？”

范增见状，便知内里必有文章，便颤着声音说：“我视霸王如己出，如有异心，苍天不容！”

项羽问：“置赵国危难而不救，调集重兵来围荥阳，可是你的意见？”

范增答：“是。”

项羽又问：“对荥阳围而不打，只要围困三个月，刘邦不降即亡，可是你说的？”

范增答：“是我说的。”

项羽再问："刘邦已派人约谈投降事宜，可是你说的?"

范增答："是我说的。"

项羽面色涨红，已不顾礼节，指着范增说："我60万大军在此空耗已六个多月，寸功未建，西面雍王章邯已死，北面赵国降汉，韩信大军发展迅猛，如虎添翼。是我指挥无方，还是你谋事不周?"

范增心如刀绞，百口难辩，只得低沉着声音说："是我谋事不周。"

项羽："我几次要组织强攻荥阳，你再三阻拦，如今六个月过去了，刘邦降了吗？死了吗?"

范增双眼潮湿，一滴老泪从眼眶滴落，悲声说："是我错估了刘邦。"

项羽："你说刘邦愿降，我派人过去后才知道，他们只认你，不认我，气焰十分嚣张，是何道理?"

范增心中一沉，自知已落入别人圈套，如今再怎么解释也难以解释清楚，只有颤抖着声音说："所有这些，都是我的失误。"

项羽冷冷一笑："失误？是失误还是另有原因？你是何时私下派人同刘邦接触的？都谈了些什么?"

范增如五雷轰顶，自己多年来鞍前马后，为项羽的发展操碎了心。把自己一生的希望都押在项羽身上。想不到如今项羽竟会怀疑自己对他的忠诚，怀疑他暗通刘邦。想想自己已风烛残年，项羽因骄横独断，已大失人心，在整体发展态势上明显输给了刘邦。不由得五内俱焚，猛觉得一块热辣辣的东西在腹腔内自下而上涌动，忍不住"哇哇"几声，竟吐出一摊鲜血来。

鲜血吐出后，范增已知大局难以挽回，自己已无力回天，生命即将走到尽头，便拖着微弱的声音，看着项羽说："我已老了，不能再耽误你的前程，请你看在我追随你多年的分上，让我回家，把我这把老骨头撒在老家的黄土里吧。"

项羽本想严惩范增，以泄六个多月来积存的怒气、闷气，但看到范增已到了如此地步，便稍微放缓了语气说："好吧，你身体不适，暂回家休养吧。"

随后，项羽便派了几名亲信名为护送，实为监视，将身体虚弱的范增送回老家。尚未到家，因背疮发作，含羞带怨死于途中。

第三十五章　纪信扮主刘邦脱险　广武对峙齐国告急

范增离开以后，项羽一面进一步加强对荥阳的围困与封锁，一面组织兵力，采取扔石填河，悬空架桥，铁车冲撞城门等方法强行攻城。

眼看城破在即，一贯主张固守荥阳、牵制项羽的张良首先找到刘邦。

刘邦见到张良，便半开玩笑地说："子房，又带来什么好消息?"

张良说："我这次带来的是请汉王出城的主意。"

"出城?"刘邦故作惊讶地问，"你不是一直主张我在这里牵制项羽，让韩信等将军在外放开发展吗？今天怎么又想起让我出城?"

张良说："此一时，彼一时，如今项羽已下了荥阳必破的决心，我们的防卫再坚固，也很难长期抵挡项羽的60万虎狼之师。如我们此时再不出城，一旦城破，后果不堪设想。"

刘邦说："如今荥阳城四面被围得铁桶一般，此时出城，谈何容易?"

张良试探着说："咱不是有地仓通道吗？汉王出去是没有问题的。"

刘邦问："你是让我从地仓逃出去，把20万大军和荥阳百姓扔给项羽吗？亏你想得出来，此计万万不可。"

张良见刘邦态度坚决，便将自己的计划全盘报与刘邦。

刘邦听后，沉思良久说："事已至此，就按你说的办吧。只是要想办法保住纪信将军的安全。"

原来，在汉军中有一名叫纪信的军官，长相酷似刘邦，军中常有人将二人认错。

第二天，曹参带一批将士，护送城里百姓开始从地仓有序撤离。

时近正午，纪信扮成刘邦的模样，率领一批将士和众多穿着妖艳的美女，到城东门同项羽谈出城受降的事宜。

项羽听报后，满心欢喜，心想：你刘季总算熬不下去了，这更说明我组织强攻的决策是对的。一面安排将重兵调向东门，以防不测；一面亲自到东门面见刘邦。

“刘邦”令打开东门后，却不急于出城，而是在城门下来回踱步，犹豫不决。带来的那些美女耐不住性子，纷纷跑出城门偷视项羽和楚军。

项羽见刘邦犹豫不决，首先高喊道：“汉王，你不要害怕，你我曾共同抗秦，你如肯献城投降，我仍可以封你为王。”

这面的消息传开后，守在南、西、北三处的楚军，听说刘邦正在东门向霸王投降，还带着成群的美女，又调走了大量的守军，便放松了警惕，许多人偷偷跑到东门看热闹。

此时，樊哙率领的大队人马，已悄悄接近西门，见外面围城兵力所剩不多，便快速打开城门，如神兵天降般护着刘邦杀出，围城的楚军尚未来得及调动队伍，如狼似虎的汉军已到，刀砍斧击之下，把少量的楚军杀得鬼哭狼嚎。

汉军并不恋战，杀开一条血路后，护送刘邦等迅速出城，很快隐于广武山的崇山峻岭之中。

项羽闻信后知道上当，急带大军前来追赶，已不见刘邦的影踪。

入城后见已人去城空，只拦住了假扮刘邦的纪信等人。

项羽恼羞成怒，命人在城门前架起干柴，将纪信活活烧死。

刘邦率领的汉军并未远去，他们一面躲藏在广武山中同项羽周旋，不时派出小股部队骚扰楚军，使性格暴躁的项羽一直找不到刘邦的主力交战，常气得哇哇怪叫，坐立不安；一面传令韩信、周勃、灌婴等统领大军攻击齐国。

项羽得到齐国被围的消息，非常恐慌，他知道一旦汉军灭了齐国，便可同刚刚降汉的九江王英布一起，对其形成三面包围。如果他亲率大军去解齐国之危，又担心刘邦从后面杀来，不但六个月的征战前功尽弃，还有可能使自己大败而归。思考再三，便派大将龙且率 20 万精兵速去解齐国之围，自己则继续统领 40 万大军寻机同刘邦决战。

第三十六章　韩信诈败淹楚军　灌婴飞刀斩龙且

韩信率得胜大军东行，进入齐国境内后，便见这里平坦的土地上，生长着翠绿翠绿的麦苗，犹如一块绿色的大地毯，伸向四面八方。绿毯的尽头是蓝蓝的地平线，看过去恰如一望无垠的海洋，海的上面行走着片片白净白净的云，那云有的如万马奔腾，有的像群羊牧草，有的像笑口常开的百岁老人，有的如倾国倾城的妙龄姑娘。在片片白云之间，不时有群鸟比翼，远处飞过的鸟，在蓝天上划过一道浅浅的弧线，近处鸟的和鸣声赏心悦耳，使行进中的大军不时举目张望，找寻那鸣叫的鸟和麦田里、沟渠旁竞相开放的花。那花有红色、黄色的，也有白色、紫色的，有的花开放时还散发出缕缕淡淡的清香。许多花朵上都飞旋着美丽的蜂和蝶，有的彩蝶似乎采饱了蜜，飞累了翅，安详地落在沟坡上正在啃食青草的牛、羊身上。当数十万大军经过时，虽然蜂和蝶还在悠闲地飞，少数的牛和羊，已随着牧羊人快速跑向远方。

看着这如诗如画的田野，闻着田野里不时飘来的芳香，韩信同他所率领的大军一样，都醉了。

韩信猛然想：我能拥有这么美丽的一块平原该有多好。

许多将士在想：什么时候我能融入这片神奇的土地，过上日出而作，日落而归，老婆孩子热炕头的舒心生活？

一匹探马飞来，打破了田野的宁静。

“前面发现一支齐军，正在快速撤离。”

韩信从无限遐想中回过神来，急令骑兵朝齐军逃跑的方向加快速度，从两面包围。

得到命令的骑兵，猛然间精神抖擞，二目瞪圆，同时举起自己的战刀，双腿猛夹马腹，1 万多匹战马同时离开行走的大军，如离弦箭群，腾起翻滚的尘土，飘向远方。

时间不长，韩信和大队人马便听到了远处的喊杀声，砍击声，哭喊声和断断续续的呻吟声。

当这支大军走过刚刚厮杀过的地方时，大家同时看到数千具横七竖八倒下的尸体，这些尸体有的被拦腰斩断，有的只看见还在流血的脖颈，却不见了颈上的人头；有的人头滚落到大军途经的路沟边，双眼还瞪得很大；有的头和脖颈还连在一起，中间却断开了一半，头上的双眼还在微张微合着。大片大片的鲜血，已染红了青青的苗，艳艳的花，有一个地方，田里的血竟汇成了一股血流，流进路边的小沟里。

在短短的时间里战斗便结束了，没用大队人马参战，那 1 万名汉军骑士，已将数千名楚军的悲魂送向了奈何桥。

此时，急速行进中的所有人，已听不到小鸟的鸣唱，闻不到沁人心扉的花草香，只有那挥之不去，忘不了的血腥之味，令人作呕。

进入齐境以后，所有齐军几乎都是闻风而逃，逃跑慢的，便成了韩信大军的刀下鬼，很少遇到有力的抵抗。

汉军一路卷杀，在较短时间内便越过了潍水。

韩信策马行走在潍水大堤上，又见堤岸上杨柳婆娑，堤下滔滔潍水东流，水面上盘旋着一个个水涡，水涡上飞翔着多只水鸟。远处一个汉子，可能看见汉军的大队人马害怕，从左岸不顾一切地跳入潍水中，本想游逃到右岸去，哪知水深流急，刚在水面上游了一会，双手狠劲在水面上拍打了几下，便沉入了水中，不知去向了。

韩信在马上暗想："原来这看似温柔的水，也是可以杀人的。"

一阵嘈杂声再次将韩信从遐想中拉回现实。

骑兵来报："我军遇到顽强的反击，两军已交战多时，楚军首领已斩杀我两名将领。"

韩信闻报，不敢怠慢，亲自策马赶往前线。

不及近前，韩信已看到汉楚两军厮杀在一起。这支楚军，防守严密，攻击有力，战场阵法变换迅速。虽双方仍未分胜负，但汉军骑兵已明显不占优势。特别是那位骑红马，穿红袍，手提一把红杆红缨雁翎枪的楚军指挥官，在两军混战中东刺西杀，左右奔袭，如入无人之境。枪击处，必有汉军骑兵落马，抽枪时，必见鲜血喷射。仅从其战时的装扮和战场击杀的动作，韩信已知道，这人肯定是项羽手下名将龙且，这支军队肯定是项羽派来救齐之危的楚军主力。

对于龙且，韩信非常熟悉，他同钟离眛、季布、英布、虞子期同为项羽手下五大战神。龙且随项羽征战以来，身经百战，从未有一次战败的纪录，被楚军称为常胜将军。

从目前战场态势看，汉军精骑已失去了平日里南北闯荡，无坚不摧，目空一切的威风。而楚军则冲杀自如，越战越勇。为减少战场损失，韩信便命人鸣金收兵。

待汉军精骑汇聚一处，排成待战的队列时，韩信单人单骑从汉军队列中冲到两军阵前，停马抱拳，高声喊道：

“龙大将军，久违了，韩信这边有礼啦！”

龙且闻言，也单人单骑冲到韩信近前，说：“韩大将军，龙且祝贺您高升。”不等韩信答话，便话锋一转说：

“我以为是何方豪强来犯我齐国，原来是你小子。你跟随霸王多年，霸王待你不薄，想不到你忘恩负义，背主求荣，弃楚降汉。如今又亲率大军来击我齐国。今天我受霸王之命前来救齐，你是投降呢？还是想尝尝我这把雁翎枪的滋味呢？”

韩信哂然一笑：“龙大将军，不是我背弃项羽，实在是他项羽逆天道，丧人伦，目不识珠，顺我者昌，逆我者亡，杀宋义，斩子婴，弑义帝，与天下人为敌。我若再助他，必定遭天下人唾骂，在正义人眼里成为猪狗不如的东西。”

龙且闻听大怒，正欲举枪直刺韩信，韩信则再次双手抱拳：“龙大将军且慢，我绝无借题羞辱将军之意。实在是多年敬慕大将军的神勇，想为大将军谋一条不负此生的出路。如今汉兴楚灭，已成定局，大将军若此时能弃暗投明，我保大将军后半生荣华富贵，光宗耀祖。”

龙且哈哈笑道："背主求荣的小儿，有何脸面跟我谈光宗耀祖？咱们还是让我这杆枪说话吧！"说毕，直向韩信心窝处刺去，韩信催马闪过，抽刀迎敌。

两个人大战了100多个回合，仍难分胜负。韩信急忙架住龙且的枪说："大将军，今天天色已晚，明天再战吧？"

龙且因千里奔袭刚到此地，队伍尚未休整，便答应暂且休兵，明天再战。

安营后，韩信便命人堵住潍河水，并在潍河左岸提前预埋了多处放水口。

第二天一早，龙且便率领大军到汉军营前挑战，韩信则命人坚守营房，不急于应战。

龙且见韩信久不出营，便命楚军轮番到营前骂阵。

任凭营外楚军骂哑了喉咙，韩信仍置之不理，并命汉军提前支灶，全军提前吃了午饭。中午时分，当楚军饥肠辘辘，准备返营时，只听一声锣响，韩信亲自率军从营中杀出。

龙且见韩信已经出营，便不再答话，亮起手中雁翎枪直取韩信，其他楚军随着龙且，如潮水般同时压向汉军。

汉楚两军混战一起，汉军渐渐不支，且战且退，楚军以为汉军已败，便乘胜追击。

两军一前一后追出约有10里，忽听"咚咚咚！"一阵鼓响，随后"哗啦啦！""呼啦啦！"的怪声自西向东传来，未及楚军回过神来，便见数丈高的水头，如脱缰的野马，拔树卷沙、排山倒海般压向楚军，水头过处，楚军连人带马一起被卷入水下，眨眼间便不知冲向了何方。

前面的楚军见状急忙回转身去，没命般奔逃，后面的楚军还不知前面出现了意外，依然按原来的速度拼命前行，前后相撞，许多楚军拥挤到一起，滚在一处，乱作一团。

正在此时，两侧埋伏的汉军一齐杀出，杀得楚军猝不及防，死的死，倒的倒，没有倒下的便抱头鼠窜。

龙且的战马本已冲入水中，怎奈这匹战马训练有素，见眼前水大浪急，只腾空转体一跳，便跳出水浪，踩着已倒下的楚军的身体飞一般向北狂奔。

当龙且发现自己的战马已逃离自己的队伍，还在拼命奔跑时，便用劲猛拉缰绳，带着惯性的战马被他这狠劲一拉，前蹄自然腾起，整个马立了起来，龙且被重重摔在地上。正当他用力从地上弹起，欲制服惊马时，却感到脖子一凉，头已滚落地下。

原来，汉将灌婴听到这里正在激战的消息，便带着自己的队伍从另一个方向赶来助战。飞马刚到这里，见一名楚将被自己的战马掀翻在地上，便毫不犹豫地催马向前，手起刀落，将龙且斩得身首异处。

第三十七章 项羽飞马救梁地 刘邦巧计取成皋

楚汉正激战于齐，项羽又接到汉将卢绾和彭越正联合攻打梁地（今河南省商丘）的消息。

这梁地本是楚军粮草供应的必经之地，梁地一旦丢失，既断了楚军的粮草通道，也断了楚军的退路。

项羽便决定亲自率军解梁地之围。

临行前他让大司马曹咎率15万大军守成皋，并对曹咎说：

“我去解梁地之围，最多15天便可得胜返回。在此期间，无论城外发生什么情况，你都要闭城不出。”

项羽走后，刘邦率军多次到城门口挑战，并派人在城门前高台上日夜叫骂。曹咎一直谨记项羽的叮嘱，紧闭城门，不放出一兵一卒。

项羽走后的第13天，城门前的汉军突然停止了叫骂，并从远处传来厮杀声。曹咎登上城门观望，发现围城的汉军已慌慌张张地向西逃窜，后面的汉军旌旗不整，队形混乱，沿途扔下许多衣物、粮草。并有百姓一路喊着：“项羽的大军杀回来了！”

曹咎断定是项羽提前得胜返回。想想自己随项氏父子以来，虽屡受信任，官至大司马，却从未建立寸功。如今，项羽大军已至，汉军已逃窜，我何不乘机出兵追杀，以彰显我大司马的声威？于是，便命城内大军悉数出动，追杀正在溃逃的汉军。

曹咎率军刚追至城西的汜水中间，正在溃逃的汉军突然掉转头来杀向正在渡水的楚军，楚军身后也同时出现了大量汉军。楚军已被包围在汜水之中。

此时，曹咎才知道中了刘邦的调虎离山之计，便组织楚军拼命突围。怎奈汉军人多势众，又占据了绝对的地形优势，他们同时从两岸射来密集的利箭，一批批楚军倒在汜水之中，突围楚军一靠岸，便被守候在岸上的汉军斩杀。一时间，汜水上下，喊杀声，哭喊声响成一片，原本清净的汜水已被楚军的鲜血染得通红。到中午时分，随着喊杀声渐弱，汜水已被死亡将士的尸体堵塞，河水断流。

眼看着一批又一批楚军倒进鲜红的血泊之中，曹咎心如刀割，老泪纵横，悔不该不听项羽叮嘱，误进刘邦的圈套。如今，向汉军投降，便毁了自己的一世英名，受万人耻笑，妻子儿女，子子孙孙都将长期抬不起头来。即使乘乱侥幸逃出去，项羽从家乡带来的15万子弟兵已多数命丧汜水，自己还有何颜面再见项羽?

正在其万分悲痛之时，又见塞王司马欣一身血水，狼狈不堪地跑出来。二人相见，抱头痛哭。司马欣连问：“大司马，如何是好？如何是好?!”

曹咎满面含泪，抬起司马欣的脸说：“人活百岁总要死，你我都已老矣，我们死也要对得起霸王，对得起子孙，对得起咱们这张老脸。”言毕，自己首先拔出剑来，一咬牙，一闭眼，猛砍向自己的脖颈。

司马欣见曹咎已倒下，也学着曹咎的样子，结束了自己的生命。

第三十八章　韩信发兵攻彭城　楚汉鸿沟订盟约

韩信大军平定齐地后，即派人上报刘邦："如今齐地已平，齐、赵、燕等地均已属汉，为强化治理，教化黎民，急需汉王选任齐王。我虽不才，然深受汉王抬爱，愿担此重任，替汉王分忧，报汉王大恩于一二。"

刘邦看罢，心中气愤，便说："这还……"本想说："这还了得，刚打了几场胜仗，就想称王。"身边的陈平从刘邦的表情已看出其不悦，急忙在下面踩了一下刘邦的脚。刘邦立即醒悟过来，如今这里正同项羽处于胶着状态，最终战胜项羽的希望，完全寄托于韩信等人身上。韩信手握重兵，又远在齐国，如安抚不好，一旦韩信独自称王，自己的处境便危险了。想到这里，刘邦忙顺势改口说："这还用说吗？齐、赵、燕已平，齐王非韩大将军莫属。"

随后，刘邦经同众谋士商议后，便派张良随韩信使者一起赴齐，面见韩信，宣示汉王封韩信为齐王的手谕。

见了韩信，张良便说："汉王经常提及大将军，让我们以大将军为榜样，以德为人，以勤做事，以勇统军。汉王拜大将军以后，才有了汉室伟业的兴盛。如今，齐、赵、燕、雍、塞、翟、魏、九江等王侯国已先后归汉，项羽末日已近，天下即将平定。汉王称您为安国平天下的第一能臣，您的神勇与功绩必定载入史册。"

张良言毕，双手捧上汉王手谕，并亲向齐王韩信行君臣礼。

韩信心花怒放，大喜过望，急忙扶起张良，连说："子房不可如此，你我同侍汉王，你是我的前辈，不要折煞韩信。”

张良见韩信高兴，便顺势说：“此一时，彼一时，汉王已封您为齐王，我作为汉臣，理当向您参拜。不知齐王下步如何打算？”

韩信仍处于无限兴奋之中，便说：“汉王是最了解韩信的，没有汉王，就没有我韩信的今天，韩信此生已交给汉王，汉王指向哪里，韩信必率先冲向哪里。”

张良说：“楚汉开战以来，表面看，项羽是连战连胜，他本人至今没打过一次败仗。实则是败得一塌糊涂，如今，多数王侯国已经姓刘。项羽从彭城出发时所带的60万大军，如今已减员到20多万。当初汉王以少量汉军牵制了楚军的精锐，换来了大将军和周勃、灌婴、彭越、英布等汉军在外围的迅速壮大。汉王身边直接统领的汉军如今也已由当初的20万，发展到40余万。我汉军目前已占绝对优势，天下姓刘还是姓项已十分明朗。”

张良说到此处有意停顿了一下，以观察韩信的态度。

韩信说：“如此时我同九江王同时发兵攻下彭城，断了项羽的后路，然后同汉王一起合围楚军，天下可定，项羽必亡。”

张良喜出望外：“真是英雄所见略同，大将军就是大将军，你又同汉王想到一起了。”

韩信当即命人一面联络九江王英布，一面大张旗鼓地开展强攻彭城的准备。

消息传到楚军大营，项羽如热锅上的蚂蚁，烦躁不安。联想到楚汉战争以来的接连失利，项羽便把满腔怨恨和怒火全集中到刘邦身上，他立即命人，将刘太公、吕雉等刘邦的眷属全部杀掉，以解心头之恨。

楚营众将听到项羽此时要杀刘邦眷属的消息，便结伴赶到项羽营帐，一齐跪下说：“如今刘邦、曹参、樊哙等近处汉军的人数已远超过我楚军。远处韩信、周勃、灌婴、彭越、英布等统领的汉军，发展势头更加强劲。韩信、英布已准备强攻彭城。如在这个时候杀了刘邦眷属，必激怒汉军，他们从四面合围，我军战则必败，退无退路，前途极其危险。”

项羽咆哮道：“事已至此，我们又能怎样？”

众将士说：“霸王率领8000名壮士揭竿起义，尚且能灭顽秦，平诸侯，称霸于天下。如今，我们尚有数十万精锐，只要想办法稳住大局，重整旗鼓，必定有一天可以置刘邦于刀下，降诸侯而再定天下。”

项羽稍微平定了一下自己的怒气，将众将一一挽起后问道："如今刘邦已决计与我决战，攻彭城便是决战的信号，楚汉决战已如箭在弦上，我们只有拼死与刘季一战，其他又有何良法？"

众将士则认为："如今敌众我寡，与其决战，必然败多胜少。如此役再败，大有楚军全军阵亡的危险。如能以释放刘邦眷属为条件，求得两军罢战，汉军放弃强攻彭城，楚军便可以返军休整，以图东山再起。"

项羽思忖再三，便命人传话给刘邦："如汉军停止攻击彭城，双方罢战，项羽可以放回刘太公、吕雉等刘邦眷属，从此，楚汉以鸿沟为界，沟以西为汉地，沟以东为楚地，互不侵犯。否则，霸王将以刘太公、吕雉等人的鲜血祭军，与刘邦决一死战。"

刘邦有心乘势同项羽决战，以定天下，但既担心凭项羽的神勇，自己绝无一战完胜的把握，如在决战中被项羽扭转了战局，前途更加难料，又担心项羽杀了刘太公、吕雉等眷属，自己在天下人面前落下见死不救、大不孝的恶名，冷了自家弟兄的心。

正在刘邦左右为难之际，刘邦的哥哥等随军亲属，一齐找到刘邦。

哥哥对刘邦说："咱当初在沛县时，不过是一介平民，如今，霸王同意以鸿沟为界，咱便拥有了半壁河山，对得起咱们的列祖列宗啦。咱在马上征战多年，你已年近花甲，该收手时就收手，过几年安生日子吧。无论如何，咱不能眼看着已风烛残年的老父亲，惨死在项羽手下。"

此时，陈平等谋士也劝刘邦："项羽从武以来，从未打过败仗。如今，汉军韩信、周勃、灌婴等能征善战之将均远离大营，我军虽有40余万之众，但多为新征之兵，实战经验不足，项羽率领的楚军，人数虽少，却个个都是精锐。一旦交手，胜负难料。既然项羽主动提出罢战，不如顺水推舟，既借机救回了刘太公等亲人，又可为我军赢得休整、补充的机会。"

刘邦综合分析了各方的意见，最后决定，同意项羽提出的条件，双方罢兵，并同项羽正式签订了以鸿沟为界的停战协约。

项羽如约放回了刘太公、吕雉等刘邦眷属，统率楚军向彭城撤去。

第三十九章　五路围攻汉王挥剑　四面楚歌霸王成仁

刘邦正准备把大营撤回汉中，张良求见。

张良问刘邦："汉王是想得天下呢？还是想做项羽刀下鬼呢？"

刘邦已知张良另有高谋，便说："子房不必绕弯子了，有什么话直说无妨。"

张良说："汉王如想得天下，如今是最好的时机。如此时错过，待项羽回楚恢复元气后，重整人马，再卷土重来，霸王必取汉王项上人头而后快。"

刘邦说："我同霸王刚签过以鸿沟为界，分沟而治的协议，如此时再挑战火，岂不令天下人耻笑？"

张良说："天下人历来以成败论英雄。况且，如今天下人对项羽的暴政已恨之入骨，都寄希望于汉王能乘胜追击。灭楚兴汉，还天下以清风和畅，万民乐业。追随汉王的所有将士，也寄希望于汉王独揽天下，他们好借你的福荫，捞取个一官半职，封妻荫子，不枉多年拼杀的凶险历程。如你此时撤军于汉中，不仅冷了弟兄们的心，也冷了天下父老的心。"

刘邦问："如此时再战，汉军有几分胜利的把握？"

张良："十二分。"

刘邦："此话怎讲？"

张良："请问现在汉王统兵多少？"

刘邦："40 万。"

张良："周勃、灌婴等将军统兵多少?"

刘邦："各10万大军。"

张良："韩信、英布、彭越等诸侯王可调动兵力多少?"

刘邦："应在50万以上。"

张良："项羽如今统兵多少?"

刘邦："最多30万。"

张良："据我了解，如今项羽身边楚军已不足20万人，而汉王可以调动的汉军，至少在80万以上，汉军接连获大胜，士气正高昂，楚军损兵失地，士气非常低落；汉地从西向东，已连成一片，后方供应充足，项楚自南失九江，北丢齐、赵、燕等王侯国之后，已成孤军深入，如韩信、英布断其退路，便对其形成四面合围之势；汉王连胜后息军安民，天下人都以迎取汉王为快，项羽坏事做绝，天下人早已不耻。我军占尽天时、地利、人和，再以四倍于敌的兵力围杀残敌，我说有十二分胜算并不夸张。"

刘邦："如与楚军再战，何人为帅?"

张良："汉王督战，韩信为帅。"

刘邦："如何才能调动韩信等诸侯王冒死参战的积极性?"

张良："汉王可允诺，击楚胜利后，所获楚地，尽数分封给齐王韩信、梁王彭越、九江王英布等参战的诸侯王。"

刘邦大喜。即命韩信速从齐地率军南下，兵锋直指项羽后翼，汉将刘贾率军数万汇同九江王英布的大军，自西南向东北推进；刘邦亲率20万大军自荥阳出发，汇同梁王彭越的数万大军后快速向东推进。五路汉军，60万之众，同时从西、北、西南、东北四面杀向楚军。

正在后撤的项羽，闻听刘邦已撕毁墨迹未干的停战协议，从四面向自己杀来，恼羞成怒，亲率全部兵力，杀向韩信的主力。韩信拼力应战，面对一个个舍生忘死的楚军精锐，韩信军渐感不支，便有序后退，并命两翼汉军同时合围。项羽大军同韩信军大战多时，已人疲马乏，忽然从左右两面又杀来求战心切的两路汉军，楚军已明显处于弱势，此时，韩信命令后退汉军，转退为进，再次杀向楚军，楚军更难以招架，只得边战边退，退至垓下，以临时防护壁垒坚守。刘邦乘势指挥各路汉军，将垓下小城团团围住。

项羽据城坚守，打退了汉军的一次次强攻，在小城四周，堆满了汉军的尸体，使汉军损失惨重。

刘邦见久攻不下，一面命人切断城内的粮草和水源供应，一面命人向城里扔劝降书，告诉城里楚军，天下已定，楚人已降汉，家中父老都盼望你们同亲人团聚，快出城来见亲人，吃好饭吧。并于夜间，令数万汉军模仿楚人的声音，唱起了楚歌。

城里缺粮断草，少水。已随项羽在外征战多年的将士，一个个又饥又渴，人人做梦都思念家中妻儿、父母，听到城外飘来的楚歌声，他们都以为楚地已归汉，家人就在城外呼唤自己，全都泪流满面，有的抱头痛哭，许多人趁夜跑出城去，向汉军投降。

听着城外的楚歌，看着下面报上来将士逃亡的战报，项羽知大势已去，天不助项。再看看一直服侍左右，随自己征战多年的如花似玉的虞姬，更是百感交集，忍不住双手搂住美人，泣声吟唱：

力拔山兮气盖世，
时不利兮骓不逝。
骓不逝兮可奈何，
虞兮虞兮奈若何！

此时的虞姬见自己心目中豪气冲天、威武盖世的大英雄已无力回天，内心更加酸楚，不由得两行清泪滴落下来。在她抬手擦拭自己的眼泪时，发现两滴热泪滴在自己的手上，方知平时气贯长虹、叱咤风云的大英雄，如今也无奈地垂泪悲哀。她忽然想到，自她随项羽南北征战以来，每次他深入敌营都如入无人之境，攻必克，战必胜，凭他的武功，城外的汉军是阻挡不住他突出重围的。如今他久躲城内而坐以待毙，一定是对我的爱束缚了他的手脚，他担心我在突围中受伤害，才不敢冒死拼杀。如长此下去，我不能助他，反而坏了他的一世英名。

回想自会稽相识以来，项羽从一介武夫到称霸天下，地位变化很大，围绕在他身边的美女佳人数不胜数，但项羽对自己的爱始终未变，始终让自己不离左右，日夜陪侍，使自己享受到人世间的无尽繁华，享受到来自一个盖世英雄的真情实爱，自己已经知足了。既然我的心上人能如此爱我，我就应该为了我心爱的人献出一切。

想到这里，虞姬心已坦荡，强忍悲痛，主动拥项羽入帐休息。待项羽入睡后，虞姬在熟睡后的项羽脸上亲了一遍，轻轻抽出自己的秀臂。独自走下床去，对着镜子整理好自己的衣服，又细心地在脸上补了补脂粉，跪在床前向睡梦中的项羽拜了三拜。然后抽下墙上的宝剑，将剑把放在地上，剑尖向上，秀体轻轻压了下去。

项羽一觉醒来，发现身边已没有了美人，急忙翻身寻找时，却见自己的心上人已气绝身亡。此时，项羽才猛然明白昨晚虞姬的主动和事毕后的话语，原来是怕连累自己在用心同自己诀别，并劝自己设法逃出虎口，再展雄风。想到这里，项羽止不住失声痛哭。

哭了一阵，他起身到室外看天色尚未放明，楚汉两军多在睡梦之中，便悄悄命人精挑细选了 800 名骑士，将虞姬的尸体放在自己的马上，乘夜冲出了重围。

刘邦闻听项羽亲率精骑突围远逃，急命灌婴率 5000 名骑兵随后追赶，并嘱："无论如何，不要放走项羽，我活要见人，死要见尸。"

项羽率军突围后，马不停蹄地一路狂奔，当行至两山之间时，眼前同时出现三条道路，不知该奔向何方。恰巧此时从山上下来一打柴的白发老者，项羽忙让军士上前问路，老者问："你们是谁的兵？"

军士答："霸王的。"

老者问："去哪里？"

军士答："回楚地。"

老者挥手一指："那个方向。"

项羽急于赶路，来不及细问，便顺着老者手指的方向赶去。

奔跑了很长时间，却见前面横着一条大河，再无路可走。项羽才知上当，只得催马从原路返回。赶到刚才路口时，正遇到灌婴的追兵。

两军并不答话，项羽挥刀杀向汉军。在两军交战中，虞姬的尸体从项羽马上滚落下来，项羽向天大喊三声，吓得周围的汉军退后数步。项羽乘势杀出重围。

（战争结束后，当地人将虞姬的尸体就地掩埋，后来这里便逐渐形成一个村庄，人们称这个村庄为“霸离铺”，后又改为“虞姬村”。村上人为虞姬修了墓，立了碑，并有人写了一首《悼虞姬》的诗：

荒草凄凄望流云，
娇魂飘渺伴郎君。
香消莫叹芳龄短，
美艳忠贞第一人。)

项羽再次冲出重围时，身边仅有28骑相随。他们加快速度，继续向东逃跑。天快黑时，他们再次被一条江水拦住了去路。

此时，灌婴率领的骑兵再次追到，将项羽等人层层围在中心。

项羽看了一眼四周的汉军，然后面向28位勇士说：“弟兄们，我项羽对不起你们，无法带你们回江东拜见父老了。黄土处处埋忠骨，脚下这片土地便是我们的归宿。咱们临死前也要让这些汉奴看看，楚人不是好惹的。今天谁杀的汉军多，谁就是楚人的英雄!”言毕，率先挥刀冲向敌阵。

28名勇士在汉军中左右冲杀，狂喊大叫，又连杀数百人后，终因寡不敌众，28名勇士全倒在血泊之中。只有负伤的项羽，单人独骑，再次冲出重围。

正当项羽催马沿江奔跑时，忽听有人高喊：“霸王且慢!”

项羽停下马循声望去，只见从江边芦苇丛中摇出一条船，船上站着一人。项羽走近看时，原来是自己的一位旧部，那人说：“我已在此等候你多日，快上船来！我将你渡过江去。”

项羽下马后，让来人将战马牵到船上，并脱掉自己的战袍也扔到船上，自己身穿内衣，手里只留下一把刀。然后向那人跪下，拜了三拜，说：“我谢过家乡父老了，项羽无能，已将数十万江东男儿留尸于中原，给楚人丢脸了。我现在仅有之物就是这匹跟我多年的战马和这身战袍了，请你带回，项羽要留在这里长陪追随我多年的将士。”

此时，灌婴的追兵已再次将项羽围住，项羽大叫一声，只身冲向敌阵。

已经站在船上的战马，见项羽又冲向敌阵，仰天长啸一声，腾空跳到岸上，冲到项羽身边。

项羽又连杀数十人后，自己也多处受伤，眼看天色已暗，项羽便伸手抱住自己战马的脖颈，反手将带血的利剑刺向自己的心脏。

项羽死后，那匹战马竟“扑通”一声卧下去，头甩了几甩，再也没有站起身来。

刘邦听人介绍后，便命人将那匹马和项羽一起厚葬。

后人以一首《霸王悲歌》，对项羽的人生进行了总结：

力吼山河震，

势荡千里空。

垓下留绝唱，

孤魂望江东。

（项羽死后，鲁人为纪念其英勇，在曲阜西周鲁国故城北为其建霸王坟，在今安徽省和县乌江镇凤凰山上为其建项王亭、项羽庙。在其出生地江苏省宿迁市建有项王故里、虞姬公园等。）

第四十章　众心归汉刘邦称帝　论功行赏洛阳欢宴

项羽战死后，所有诸侯王均宣布归汉，唯有项羽本人的食邑地鲁国犹豫不决。刘邦便命人提着项羽的人头面见鲁王。鲁王见项羽确已战死，最后一点希望已经破灭，便正式宣布归附汉王。

汉王还军至山东定陶，便召集众将官，按战前的承诺，将徐州以东至海的大片土地并入齐地，改称楚国，封韩信为楚王，淮河以北的大片土地并入梁国，彭越为梁王。

韩信受封后大喜，便联合梁王彭越、赵王张敖、燕王藏荼、长沙王吴芮等共同上书刘邦："暴秦以来，战火频发，民不聊生。现天下已定，国要昌盛，民盼康宁，诸侯共盼良君。天不可一刻无日，国不可一日无主。汉王自沛县揭竿反秦以来，广纳贤能，统领正义之师，灭暴秦，除项羽，为民除害，恩加海内，万民称颂。拜请汉王顺民意，担大任，登基称帝，以定四方。"

刘邦命人将韩信等人的上书发给众文武传阅。

次日议事时，韩信等人再次拜请刘邦称帝。

刘邦说："我乃一介草民，这些年南北征杀，全仗众兄弟的鼎力相助，我怎敢贪天下之功，妄自称帝？"

张良出面说："楚王韩信等人的请求，也是天下人的心声。汉王虽出身贫微，但身负大任，志向高远，为人宽厚。芒砀斩蛇已彰显帝王之气；屡赴险境而无忧，让天下人早已看到上天对汉王的特别眷顾；得寸土而尽惠及于民，使黎民感受到汉王的仁厚政德；四海勇士乐随于汉王左右，是大家看准了汉王的谦和；灭暴秦，诛项羽，已决定天下归汉。天下归汉，汉王不主国，国之安在？民之何向？”

刘邦还要推辞，樊哙站出来大声吼道：“推什么推，俺们这些人跟随您出生入死，盼的是能跟你出人头地，你不当皇帝，俺们大伙怎么办？”

刘邦说：“不是我不顾大家的情面，实在是我才疏学浅，文不能安国，武不能定邦，我若称帝，如何服众？”

周勃站出来说：“汉王称帝是众心所向，国之所系，我们甘愿毕生追随您左右，誓死守护您的安全。”

见周勃如此说，堂前众臣便同声高喊：“誓死守护汉王！誓死守护汉王！”

刘邦见状，便站起身含泪面向众人说：“既然你们都如此认为，我刘邦不能冷了弟兄们的心。但国之初定，百废待举，需要我们办的事情很多，称帝的事情，不要复杂，不可铺张，不要耽误时间，就在这里，简单宣布一下就行了。”

于是，众将士在定陶城东南筑起高台。在项羽自刎一个多月后，刘邦登台，接受了众王侯、将官的朝拜，正式即皇帝位，国号为大汉帝国。后定都于洛阳。

刘邦率大军返回洛阳后，正式立吕雉为皇后，刘盈为太子，萧何为丞相，张良为留侯，周勃为武威侯，樊哙为武阳侯。韩信已受封为楚王，收回大将军印。其他有功人员也都给予了封赏。

这天，刘邦命人设下盛筵，宴请文臣武将。

席前，众群臣一致盛赞刘邦的文德武功。

有人说：“吾皇登基是应天时，占地利，得人和，众心共盼，天下同心。”

有人说：“吾皇以布衣之躯，战胜不可一世的项羽，是因为吾皇能与将士们同甘苦，共患难，深得人心。”

也有人说：“吾皇得天下是因为爱民如子，惜才如金，善用贤能。”

刘邦说：“这些话说得很有道理，论运筹帷幄之中，决胜于千里之外，我不如张良；论抚慰百姓，供应粮草，我不如萧何；论领兵率将，决战沙场，百战百胜，我不如韩信。我能做到的则是知人善任，人尽其才，才尽其用，我身边的贤能猛士成群。项羽虽威武过人，却疑心太重，身边谋士就一个范增，最后也被他赶走了。”

第四十一章　发皇榜广纳贤能　重身教以孝为先

汉朝初立，百业待兴，各种奏章每天如雪片般飘进皇宫，使老年的刘邦应接不暇，天天仅听读批阅奏章一件事便搞得他头昏脑涨。

一次，他因连续批阅奏章太累了，便昏睡在书案上，醒来时见奏章掉落一地，欲弯腰去捡，恰遇书童来上茶，小书童紧走几步，很麻利地说："皇上太累，有些事可以交给别人，哪能事事亲为呢?"

不经意的一句话使刘邦顿悟，是呀，项羽的武功远高于我而败于我，我文不如萧何、张良，武不如韩信、周勃，而这些人仍臣服于我。我的优势不就是能识人善用吗？为什么当了皇帝反不知如何用人了呢？

他从一普通平民走到至高无上的皇位，深知知人善任，人尽其才，说来容易，做到很难。天下之大，人员众多，有才人同无才人长相类同，不易一眼看出，即便可一眼认出，一个人也不可能走遍天下，遍察万民。天下是天下人的天下，选才用才也需要天下人共为之。

想到这里，刘邦心里已有了数，便命人传谋士陆贾进宫见驾。

陆贾原为楚国人，后投靠刘邦，一直紧随刘邦左右，出谋划策。此人信奉儒学，能言善辩，多次帮刘邦谋定大事。汉朝建立后，陆贾曾多次向刘邦推介《诗经》《尚书》等儒家典籍，并多次提出"行仁义，法先圣，礼法结合，无为而治"的治国主张。

刘邦向陆贾说了自己的想法，陆贾异常兴奋地说："吾皇太英明了，武可安邦，文可治国，吾皇可以马上打天下，岂能马上治天下？治天下最需要选天下贤能之士，尽为皇用。如皇上能把天下贤臣尽收帐下，何愁天下不安，国之不兴？”

第三天，陆贾便将一份《高帝求贤诏》呈送在刘邦的御案上，刘邦观之，写的是：“我听说古代帝王没有超过周文王的，诸侯霸主没有超过齐桓公的。（他们）都是依靠贤能的人才而成就了声名显赫的事业。现在，天下就有许多有智慧、有才能的贤人志士，可惜这些人才很难被人发现，不能发挥其作用，实在太可惜了。

“现在我凭借上天的保佑，众多贤能人士的辅助，已平定了天下。但要使天下富强兴盛起来，长久发展下去，需要更多贤能之士的支持与帮助。凡愿意同我一起共事的贤能，我要让他得到显贵的地位。

“要把我的旨意告知天下，让所有人都知道。有美名和美德相称的人，各级官吏一定要亲自劝他出来，替他备好车马，请到相国府，记录下他的事迹、相貌和年龄，择日选用。

“如果有贤能而官吏不举荐的，一经发现，就免除其官职。”

《高帝求贤诏》发出后，天下震动，贤能之士踊跃自荐、申报，各级官吏积极访贤、荐贤。重用贤能，尊贤敬才，为国效力之风在朝堂上下蔚然兴起。

为给天下贤能做出榜样，帮助文武群臣和天下贤士尊老忠君，提高皇帝的威严，刘邦首先从尽人臣之道做起。

刘邦兄弟四人，大哥刘伯，二哥刘仲，四弟刘交，刘邦排行老三，乳名为季。

刘邦的母亲温氏死得较早，自被封汉王后，刘邦便将父亲刘太公接到自己身边。

做了皇帝以后，刘邦仍像以前一样，每五天便拜见父亲一次，见后必施大礼，刘太公已习以为常。太公的属官觉得不合适，便劝太公：“天无二日，国无二主，当今皇上是您的儿子，但他也是天下人主。您虽是他的父亲，也是他的人臣。让主人拜见人臣，这不合礼仪。”

刘太公觉得属官说得有理，刘邦再去参拜时便对他说：“我是你的父亲，你应该拜我，你是我的皇主，我应该拜你。我若拜你，你定不受，你再拜我，也有失礼节。以后再来见我就不要参拜了。”

刘邦说：“儿在外是天下人的皇上，进家就是您的儿子，不可不拜。”

一次，刘邦又去参拜太公时，太公提前拿着一把扫帚出门相迎，然后倒退着进屋，不给刘邦参拜的机会。

刘邦理解了太公的用意，第二天便传下一道诏书，尊太公为太上皇。这样不但显示了皇帝的尊严，他参拜太上皇也顺理成章了。

尽管刘太公进入皇宫后衣来伸手，饭来张口，进出都有人陪侍，享尽了人间的富贵荣华，但时间长了，刘邦便发现太公经常闷闷不乐。便私下问太公的侍从：“太上皇近日可有心事？”

侍从答：“并无特别心事。”

刘邦问：“为何情绪低落？”

侍从答：“太上皇在家时，用惯了家中的用具，喝惯了家乡的水，吃惯了家乡的米。左右邻居，亲如一家，无话不谈，无事时一起踢球、斗鸡、玩牌、喝酒，每天都乐在其中。如今进了皇宫，高墙深院，戒备森严，能说知心话的人没有，同我们这些人又无话可说，一天到晚都是吃吃喝喝，很难快乐起来。”

刘邦思来想去，最后便命人在皇宫附近，按家乡的布局、用材，建了一个新村，并将原来的左右邻居、亲朋一起迁来居住。

正式搬迁那天，刘太公一进村，左右邻居便含笑相迎，甚至邻居家的小狗也认出了太公，在太公身上扑来扑去地折腾，乐得太公喜不自禁。

消息传出，文臣武将，满朝上下更加敬重刘邦。

第四十二章　千里奔波祭孔子　拜天敬地开庙堂

刘邦登基称帝不久，便亲率文官武将千里奔波，赶往山东曲阜拜祭孔子。

随行的陈平问："吾皇百事待理，怎么突然有此闲情逸致拜祭孔子？"

刘邦说："我少时无学，最看不起的是读书人。但自芒砀山斩蛇起义时，在野外瓜棚里听老者讲'仁义礼智信'后，便对求学读书有了新的认识。这些年我从一介布衣走到今天，每一步都离不开萧何、张良这些读书人的辅佐。现在天下已定，但人心难定，如何让万人之心归于一统，就需要请圣人孔子出山。如果天下万民人人重仁，讲义，知礼，有智，守信，何愁天下不安，国之不昌？"

祭孔这天，从夜晚开始，曲阜城上空便浓云密布，大风呼啸。但曲阜父老仍全城出动，一大早便顶着狂风站立于大街两侧，每个人手里都摇晃着一面纸质的彩旗。

预定祭拜的时间快到时，全城人同时听到12声礼炮响，接着便见数十人的皇宫乐队，吹弹着欢快激昂的乐曲，首先出现在已等待多时的人们的视线内。随后是300名武士，分成两队，高举着闪闪发光的兵器，步调整齐，威武雄壮地走出。武士后面是穿着鲜艳，个个美艳绝伦的宫女。随后便是文官武将的车队，但这些车队并不整齐，几乎相同的木车，拉车的有的是两匹马，有的是三匹马，有的则是两头牛，只有走在中间，坐着汉皇帝刘邦的马车，车身全部用黄布包裹，前面用五匹同为红棕色的战马牵引，车身上原本搭着黄色的彩绸顶棚，但走到街上，刘邦见街两边站满了黑压压的人群，每个人都将十分期盼的目光投向他乘坐的车辆。便令人拆去顶棚，自己从车上站立起来。

街两边的人看见头戴皇冠，身穿龙袍，腰挎天子宝剑的刘邦，一个个激动得热泪盈眶，后面的人踮起了脚尖，带孩子的人将孩子举过头顶，万口一声高喊："吾皇万岁！吾皇万岁！"

说也奇怪，此时风停了，云散了，一轮红日出现在曲阜的东方，将万道霞光洒向欢腾的曲阜城，洒向欢呼的人群，洒向正频频向欢呼人群招手的刘邦。

看着欢呼雀跃的人群，刘邦眼前忽然出现了秦皇出游时豪华的船队；出现了沛县老家门前潺潺流水的小河；出现了芒砀山前的义旗；出现了从鸿门逃出时弯弯曲曲的山道；出现了乌江自刎的项羽；出现了定陶城首次登基称帝时的高台；出现了富裕后的黎民百姓抬着猪羊，推着金灿灿的丰收粮涌向皇宫朝拜。不知不觉间，两滴清清的泪水从刘邦脸上飘落。

刘邦下车走进孔庙，原本关闭的两扇朱漆大木门缓缓打开，在曲阜地方官和内侍的引导下，刘邦踩着鲜红的地毯，走到孔子的塑像前，亲手点燃了提前准备好的10炷高香，奉上三牲（猪、牛、羊各一）、果品、五谷，虔诚地拜了三拜。

刘邦第三拜刚立起身，忽然晴空中"轰隆隆"响起一阵炸雷，炸雷过后，曲阜城上空东西两边的天际上同时出现两条又宽又长、颜色鲜艳的彩虹，两条彩虹从两侧向里飘到一起，幻化成一条二目炯炯有神的彩龙横挂于曲阜的上空。

全城又一次沸腾了，人们忘情地跳起来，发出欢呼，发出尖叫，有的人敲起了自己的锣鼓，没有锣鼓的敲起了自己的锅盖、碗碟，同声高喊着"吾皇万岁！吾皇万万岁！"的口号，陷入极度兴奋、喜悦、幸福之中。

今天的刘邦也异常兴奋，他快步登向提前准备好的高台，动情地振臂欢呼："倡行儒教，教化万民！"

"广施仁政，与民同乐！"

"曲阜黎民万家同福！"

回到洛阳，刘邦便命人广兴孔学，建孔庙，开放民间庙堂，供黎民百姓自由参拜，并为此专门下了一道《重祠诏》：

"吾甚重祠而敬祭。今上帝之祭，及山川诸神当祠者，各以其时礼祠之故。"

“天子尊事天地，修祀山川，古今通礼。”

“夫祭者，非物自外至者也，自中出生于心者也。心怵而奉之以礼，是故唯贤者能尽祭之义。”

刘邦认为：祭祀的目的是弭灾、求福、报谢。福是谁给的？是天，是地，是贤君能士。只有不忘天之恩，地之恩，贤君能士之恩，有恩与已者之恩，才能去灾患，得福报。所以，古往今来，知恩肯报，常到庙堂祭祀的人多为贤者、富人。

第四十三章　承先贤编修《新语》　施仁政休养生息

刘邦命陆贾负责博采前人之长，编修施政之要，规范朝纲，教化万民。

陆贾便组织一班知识分子，学习借鉴前世先贤的治国理念，针对汉朝初立，经济萎缩，人口散亡，物价上涨，民不聊生；米价1万钱1石，马100金1匹，“人相食，死者过半”的实际，提出了以仁施政、休养生息的治国主张，前后编写了12篇施政要文。每一篇刘邦都认真阅批，后来便把这些文章合称为《新语》。

《新语》力主以仁施政，认为：“故圣人怀仁仗义，分明纤微，忖度天地，危而不倾，佚而不乱者，仁义之所治也。”

“故仁无隐而不着，无幽而不彰者。虞舜蒸蒸于父母，光耀于天地；伯夷、叔齐饿于首阳，功美垂于万代；太公自布衣升三公之位，累世享千乘之爵；知伯仗威任力，兼三晋而亡。”

“先圣乃仰视天文，俯察地理，图画乾坤，以定人道，民始开悟，知有父子之亲，君臣之义，夫妇之别，长幼之序。于是百官立，王道乃生。”

“仁者道之纪，义者圣之学，学之者明，失之者昏，背之者亡。”

施仁政首先从发展农桑、解决吃饭问题做起，连续推出数项重大举措：

一是解甲归田，增加务农人员。战事结束后，马上大量削减军队人数，分给返乡军人农田，鼓励他们以农耕继续报国。使一半以上的军人回到家乡、回到农村。

二是劝民返乡。劝说在战乱中流亡各地的农民返乡耕田，安家立业。凡返乡者均按实际返乡人口分给农田，贫困的官方给予补助。

三是释奴为民。将大量豪富家奴、烟花妓女、非死刑犯等由官方统一释放，护送回原籍，分给其农田、农具，鼓励其自耕农田，自食其力。

四是奖励农耕，对耕种土地较多、产粮较多的种粮大户，给予政治和经济奖励。

五是减轻赋贡。取消秦朝的苛税制，推行十五税一的政策，减轻种田人的负担。

六是还田于民。将原秦朝围禁的“苑囿园池”、皇家园林等，分给农民耕种。

七是鼓励生育，有条件的富人可以一夫多妻，生育孩子较多的夫妇，给予奖励，以解决战后农村劳动力不足的问题。

八是安抚孤老，对年老体衰、无子无女、生活困难的老人给予补助。

这些政策很快稳定了人心，促进了农业的发展和汉政权的巩固。

第四十四章 解噩梦急建城隍庙 问乡童沛永免田赋

连续多天，刘邦一闭上眼，便见一条恶龙张牙舞爪扑向自己，口中喊着："还我命来，还我命来！"刘邦定睛细看，竟是项羽，提一把血淋淋的宝剑，"哈哈"大笑着扬长而去。

这天散朝以后，萧何一直站着未走。

刘邦问："丞相还有何本奏？"

萧何说："我看皇上近几天气色不好，可曾让御医看过？"

刘邦说："并无大碍，只是近几天休息不好。"便将连夜的梦境说于萧何。

萧何说："历来梦由心生，定是如今天下已定，皇上心情稍松，常想从戎以来的往事。再加上大蟒、项羽等恶魂记恨皇上，偶来搅闹所致。"

刘邦趁势问："丞相可有良法？"

萧何说："皇上此生，屡屡凶险，均能逢凶化吉，多亏了樊哙、纪信等侠肝义胆之士多方保护。如能将樊哙、纪信的画像贴于宫门上，皇上每晚看见心里大安，项羽等恶魂见有此二人日夜守护您，必将远去，皇上便无虑了。"

刘邦说："此法可行，只是太亏了纪信，为保护我脱离险境，活活被项羽烧死。如今大汉已立，此等功臣如无大赏，后人岂不笑我刘邦无义？"

萧何闻言，已知刘邦早有了成熟的主张，便问："皇上有何想法？"

刘邦："给予厚赏，让后人世代纪念，你去办吧。"

按刘邦的旨意，萧何命人将纪信追封侯爵。将纪信出生地改称"安汉"，并作为其后代子孙的食邑。在上林苑风水最好的地方，建大型纪信庙一座，内塑纪信金身。

开庙这天，刘邦亲自向纪信礼拜，并亲自为纪信塑像披上皇袍，成为我国历史上唯一一个死后穿皇袍的将军。

刘邦要求每年的二月初八为纪信的祭日，由丞相府负责组织大型公祭活动。(此活动历代沿袭，后来便发展为洛阳的二月初八大型庙会。)

随着城市的发展，纪信庙被围进城里，人们便称其为城隍庙。

祭祀纪信后返回皇宫，恰有沛县一亲戚求见。

刘邦祭拜了纪信，了却一桩心愿，心情尚好，即传旨让那亲戚进宫见驾。

来者是一妇女，手牵着他 10 岁的儿子，千里赶来，为刘邦带来两枚鲜红的寿桃。

刘邦问那孩子："你爹爹（父亲）怎么没来?"

孩子看了娘（母亲）一眼，娘向他摇了摇头。天真的孩子眨了眨眼，见刘邦笑看自己，一脸慈祥，还是忍不住说："我来了，我爹就不能来。"

刘邦问："为啥你来了你爹就不能来?"

孩子又犹豫一下，然后怯怯地说："俺俩穿一条裤子，这条裤子被我穿来了。"

刘邦这才发现小男孩下身穿着一条满是补丁，又肥又大的裤子，下面的裤腿脚卷起用线缝着。

刘邦走近孩子，低下头问："你吃饱了吗?"

孩子摇了摇头。

"你最爱吃啥?"

孩子从裤兜里摸出一块黑乎乎的东西。

刘邦接过一看，是一块用野菜、米糠做成的馒头。刘邦咬了一下，又凉又硬，不由得两眼泪花夺眶而出。

那妇女见状，吓破了胆，抬手去打孩子。

刘邦急忙拦住，连说："不怨孩子，怨我刘邦。"

随后，刘邦颁发一份特殊圣旨："沛县、砀郡（永城）黎民为大汉建立多有贡献，命免田赋三年。"

第四十五章　迁皇都朝堂嬉闹　习汉礼典正朝风

汉定都洛阳不久，齐人娄敬对刘邦说："陛下定都洛阳不如定都关中。"

刘邦问："此言怎讲?"

娄敬说："秦地是陛下初兴之地，百姓对陛下万分敬仰。那里背山面河，险峻的关塞形成天然屏障，土地肥美，天府之国，兴可以物通四海，退可以闭关自守。"

刘邦询问张良，张良说："洛阳回旋区域较小，发展空间有限，方圆可以迂回利用的面积不过数百里，且土地贫瘠，一旦四面受敌，很难摆脱困境。从眼下分析，无论是民心还是经济基础，是进是退，还是兴邦富国，洛阳都不及咸阳。"

刘邦再问萧何，萧何则认为："洛阳东去千里已是大海，发展空间不大，西行则地广物博。为人主者理应居中而立，四面通达，方可控万里疆土，成千秋大业。从这个角度分析，还是咸阳为好。"

刘邦便说："既然如此，这事你去办吧。"

萧何领旨，便组织能臣巧匠，认真考察，精心设计，高标准施工。历时约两年，终将咸阳皇宫建成。

在萧何的引领下，刘邦到新建成的皇宫一看，顿觉眼前一亮。新皇宫规模宏大，气势宏伟，整体看浑然一体，错落有致，每一处建筑均用料考究，处处雕梁画栋。行走其中，一步一景，如入仙山。在皇宫中独树一帜的"未央宫"，高耸于皇宫众多建筑集群的中心，高大华丽，洒脱壮观，如鹤立鸡群。四周拱手相配的是东阙、北阙、武库、太仓等偏殿。

穿行于宫中，萧何见刘邦兴致很高，便边行边介绍："宫用木材，多从云南运来，属红木系列，耐水、耐腐蚀，可千年不变其内色，经久仍留其奇香。石材多为泰山石、花岗岩，坚硬耐磨。'长乐宫'是取天下长乐、万民同乐之意，记下的是吾皇仁政息民的功德。'未央宫'就是永不停步、永无终止之意，昭示陛下创立的大汉将如滔滔黄河，滚滚长江，日见其东流，却永不衰竭。"

萧何还想赞誉，刘邦却止住他说："如今大汉初立，民还不富，国尚不强，需要花钱的地方很多，怎么可以修建如此豪华的宫殿?"

萧何早已揣透了刘邦的心思，便解释说："陛下乃天下的陛下，皇宫是万民的皇宫，今后这里不仅供文武议事，还要接待四海朝贺的使者，如过于寒酸，怎彰显我大汉威仪？如此次建造太差，以后年年修整，岂不既浪费时间，又浪费大汉钱粮?"

刘邦频频点头，连赞萧相国谋事深远，匠心独运。并降旨择日迁都，将咸阳赐号为长安。

在新皇宫第一次议事，文官武将三三两两一走进宫内，立即被宫中的豪华搞得眼花缭乱，这个仰头看看雕工精美的穹顶，那个摸摸殿内光彩照人的殿柱，几名老臣甚至俯下身去，边摸着光滑平整的漆面，边戏谑地说："乖乖，这地面比大闺女的肚皮还滑溜。"说得满朝文武"哈哈"大笑。

太监喊："吾皇驾到!"

刘邦从上至下一套全新的皇冠、黄袍、朝靴，迈着稳健的步伐，兴致勃勃地登上皇位，众大臣刚喊："吾皇万岁!"尚未喊出"万万岁!"便听到朝堂上"扑通"一声，众大臣同时笑得前仰后合，阵势大乱。

刘邦看时，原来是跪拜时，后面的樊哙故意踩住了前面萧何的上衣飘带，萧何下跪时失去重心，摔倒在地。

见刘邦面露不悦之色，几个大臣忙向前将萧何扶起。

刘邦居高临下，抬头下视，便见众大臣有穿长衫的，有穿短衣的，长长短短，五颜六色，新旧不一，参差不齐；有的三五人挤在一起，交头接耳；有的在仰首旁顾，东张西望；有的则弯腰低头，眼盯地面。那樊哙更肆无忌惮，刚放倒了丞相萧何，又趁人不注意，从下面轻拽帽带，拉下了张良的朝冠，再次引发一阵窃笑。

散朝时，刘邦留下了萧何，一脸不悦地问："成何体统?"

萧何慌忙自责："此事是我的疏漏。陛下的这些大臣，特别是那些武将，多年随皇上南北拼杀，无拘无束，自由自在惯了，不懂朝堂礼节，才闹出这些笑话来。"

刘邦问："这如何是好?"

萧何似早有计划似的说："首先要统一朝堂着装，文官武将要有所不同。接下来要学习先朝礼仪，演习汉礼。"

刘邦说："还是丞相谋划周到，就按丞相谋划的办。要记住：汉礼要简单，方便易学，不要搞复杂。"

萧何领旨后首先安排人设计汉服，接着又找来待诏博士叔孙通。

这叔孙通是山东薛城人，初为秦待诏博士，又先后在项梁、楚怀王、项羽手下混事。刘邦攻取彭城时，投到刘邦帐下做幕僚。他精通周礼，手下有数百名儒生弟子。

叔孙通接受任务后，回到老家曲阜，精心挑选了30多个精通古代礼仪的儒生弟子。一起将古礼法、孔孟礼法、秦朝堂礼仪等先融会贯通，然后根据刘邦简单、大方、易学、好用的要求，反复设计了一套礼仪，并反复排练。

刘邦看了叔孙通演练的新礼仪后，满意地点了点头，说："这样的礼仪，我可以做出来。"并要求叔孙通负责对朝中文武大臣进行演练。

经过一段时间的准备，新的朝服和新的礼仪都通过了刘邦的认可。

这天，又到了朝堂议事的日子，按照预定的时间，文武大臣首先到朝堂外更换了新的朝服。这种朝服通身紧窄，下摆略曳地，呈喇叭口状，文官的服饰在领口、袖口处分别镶与衣服不同色、较艳的溜边，领口较低，内衣可显露于外，简洁、流畅、大方，穿着后活动自如。武将服多选用近黄、近红色面料，背绣虎纹，领袖口稍紧，领口略高，上下身紧凑，着装后威武、洒脱、豪气。

文武大臣着装一新后，在皇宫内侍引领下，先到朝堂门外，按职位高低，分文武站成横排，听司仪官高喊"趋!"时，统一迈小碎步走进朝堂大厅；司仪官喊"立!"时，全体停下，目光平视，双腿并拢，双手交放于胸前；此时，刘邦从一侧走近龙椅，面向众文武站立。

司仪官喊：“拜!”文官武将同时跪下，施礼，并高喊：“吾皇万岁！万岁！万万岁!”

刘邦喊：“平身!”众文武同时起身，按原姿势站立，面对刘邦。

刘邦在龙椅上坐下。

司仪官喊“站!”文武官员同时转身，文官向左，武官向右，呈纵队站于朝堂两侧，中间留出空间。奏本的官员上奏时出列，站在留下的空间中间，面向刘邦，稍低头，陈奏所奏事项。

从始至终，秩序井然，尽显皇上威严。

刘邦大喜，当朝宣布：娄敬建议迁都有功，赐刘姓，改称刘敬，即为郎中，号封春君。叔孙通演习汉礼有功，拜为奉常，赏金 500 斤。其他有功人士各有奖赏。

第四十六章　尊儒重法废苛刑　宽柔相济建《九章》

刘邦早在青少年时期就对秦朝“多家连坐”“一人犯罪，夷灭三族”的严刑苛法极为不满。当年率众在芒砀山揭竿起义，就是因为误了朝廷工期，害怕受到严责才不得已而为之。为此，大汉刚刚建立，便废除了秦王朝制定的“严刑峻法”。

旧法废除，如何以新法教民，刘邦便命萧何负责制定汉朝新律，并要求新法要“合时宜，有约束，易倡行”。

萧何领旨后便组织一班人，参照古时《法经》等散碎法典，撰写汉朝新法。

由于立法涉及各阶层的切身利益，朝中文武大臣、各地王侯、皇亲贵族等都很关注，经常有人登门询问新法修订情况，并要求按自己的意图修改新法。每天“贵客”盈门，应接不暇，影响了新法修订工作的正常开展。

为排除干扰，萧何想到皇上封给自己的食邑地——酂，远离都城，应该清静，便亲自前往，一探究竟。

萧何乘坐的马车在狭窄崎岖的山间小道上颠簸，过洛阳城后，眼前便出现一块宽阔平坦的大平原，几匹骏马甩开蹄子任意奔跑，车上的萧何只感觉两耳生风，路两边的一棵棵绿树如投怀送抱一般急闪而去。车前边不时有几只多彩的野鸡、野兔欢跳而过。

到了酂地，整个大地像一块平展的棋盘，条条田间小道构成了棋盘的框架，一个个错落有致、绿树掩映的小村庄就是枚枚棋子，走在这宽大的棋盘中间，随时都可以闻到野花的清香。特别是那条绵长的涣水，绿如碧玉的水流从西向东，奔流不息，在水流转弯和降坡时，不时发出清脆悦耳的回声。水里边不时有小虾、小鱼，悠闲自得地游过，有的小鱼甚至当你停在岸边时仍不躲不藏，头向你一起一伏地致意，似是在欢迎你的来临，又像是在向你诉说着清水之美、水草之美、大自然之美。每当中午阳光照射水面时，清清的河水便会折射出五光十色，光彩夺目。有时还可以在水底看到天上倒映的彩虹。

不看则已，越看萧何越是留恋，心中暗想，此地真是一个好地方，有这样一片如诗如画、似仙似幻的绝妙之地，足矣！

萧何没假思索，便让人在靠近涣水的地方盖了六间两层小楼，让修订新法的一班人住了进去。

经过数月修改，共拟出盗律、贼律、囚律、捕律、杂律、具律、户律、兴律、厩律等九篇。

为广泛征求意见，验证新修律典的可行性，萧何便命人筑一高台，请来远近闻名的戏班子，在高台上唱戏七七四十九天。

新律拟修人员将新律放大后立于戏台前，备了10张桌子，放有大量的桃子和带根的竹子，凡前来听戏的人，对新律提一次意见，送鲜桃10枚；所提意见被采纳，在新律上每改动一个字，为其栽植新竹一棵，并在竹子上刻上提修改意见人的名字，以示永久纪念。

消息传出后，方圆数百里的人，从四面八方汇聚酇地，一面看戏，一面品读新修的律典，许多人为新律提出修改意见，许多意见都被采纳。

结束时有人计算了一下，为奖励修改新律的人，前后共送出仙桃38车，栽植新竹9999棵。

修订新律的人返回长安后，在他们原住的小楼旁又住进几户人家，成为一个村，人们便称这个村为“萧楼”。新栽的竹子长成了竹林，人们便叫这里为“萧竹园”。用来唱戏、征求意见的高台，被叫作“萧何造律台”。吃桃子吐出的桃核后来被人们收集后点种在北面的芒山坡上，便形成了芒砀山上万亩桃园。

刘邦看过新律后大加赞赏，令全国颁行实施。人们便称新律为《汉律九章》。

（“萧何造律台”逐年刻印着历史的年轮，久经风雨愈刷愈新，逐年发展为位于中原永城市的一个著名旅游景点。后人有一首《酇台晓晴》的诗，描写的便是如今造律台的景象：

一夜细雨晨初晴，
闲步酇台听蛙鸣；
细柳丝丝轻拂面，
白鹭对对戏莲蓬。
绕亭避开早练叟，
登台惊飞花丛莺；
当年萧相知何去，
极目田野麦浪生。）

第四十七章　巡云梦刘邦用计　杀韩信吕雉显威

汉朝初定，便有人私下告发："楚王韩信私藏项羽的逃亡将领钟离眛，招练精兵，意在谋反。"

刘邦登基后最担心的一件事便是所封异姓王谋反叛乱。听到韩信欲谋反，他深信不疑。

因为他了解韩信绝不是安守本分、乐居人下的人。有意组织大军去征讨，又担心韩信善于用兵，难以取胜。便以到云梦泽（今河南淮阳）去巡游的名义，昭告各诸侯王到云梦见驾。

韩信接到刘邦要他去云梦见驾的圣旨，担心内中有诈，迟迟犹豫不决。他身边的谋士便对他说："您若不去见驾，必引起皇上猜疑。皇上对您的意见就是您私留了钟离眛，您若杀了钟离眛去见皇上，必能消除皇上的猜疑，您也就没有危险了。"

韩信找来钟离眛，钟离眛已知韩信的用意。便对韩信说："我战败后来投你，是念你我素有旧交。如今你担心我影响你的前程，我敢断定，我死后，刘邦下一个要杀的就是你。"

说毕，拔剑自刎。

韩信便带了钟离眛的人头去见刘邦。

刘邦对韩信说："从汉中拜将以来，我视大将军为知己，天下人都可以反，唯大将军不会反。但是，朝廷那些大臣有人嫉妒楚王的才能，说三道四，大将军回朝解释一下，也让那些搬弄是非的人哑口无言。”

韩信听刘邦如此讲，只有说：“我愿随陛下一起回朝，以正视听。”

刘邦顺势说：“那就委屈大将军了。”刘邦身边内侍便将韩信领出去，关押起来。

回到洛阳，经调查，韩信谋反并无实据。当时天下初定，刘邦也不想因韩信引起诸侯王的恐慌和不满，便将韩信由楚王改封为淮阴侯。

从此，韩信闷闷不乐，知刘邦畏惧他的才能，以后还会找机会对他下手，便经常装病在家，很少上朝或陪皇上出行，暗中谋划反叛的事。

韩信原来手下的爱将陈豨被刘邦任命为钜鹿郡守。临行前到韩信府上告别。韩信领他避开众人，漫步在月下的庭院。问陈豨：“你我相比，谁的武功韬略更胜一筹?”

陈豨说：“我怎敢同老师相比。”

韩信又问：“朝中文武，在出关击楚，灭赵、燕，收齐国，平定四国，逼项羽于垓下自刎，建汉朝中，谁的功劳最大?”

陈豨：“当然是老师您的贡献最大!”

韩信：“如今皇上为什么要将我由楚王贬为淮阴侯呢?”

陈豨愕然。

韩信说：“历来是‘狡兔死，良狗烹；高鸟尽，良弓藏；敌国破，谋臣亡’。作为别人的臣子，无论你功劳多高，一旦主子认为你无用时，就会将你尘封起来，或当当花瓶；一旦主子感觉你有可能危及他的利益时，他必定对你下手。我是这样，将来你也必定重走我走过的路。”

陈豨坚信韩信的雄才大略，对韩信非常崇拜，便问韩信：“依老师的意见，我们应该如何应对?”

韩信说：“你这次去的地方，兵精粮足，一旦你在那边起事，皇上定亲自领兵去剿杀，我趁势平定京城，和你里应外合，便可一举灭掉刘邦，你我共同夺得天下。”

陈豨听韩信说得有理，便说：“我听老师的。”

陈豨到任不久，便举兵反叛。

刘邦一面组织大军前去征讨，一面命梁王彭越率军合击陈豨。

彭越提前收到了韩信让其等待观望的密函，便消极应付，只派了一名将军率少量人马去支援刘邦。

刘邦率军一离开京城，韩信便同众家臣商量，刘邦同陈豨一旦开战，便假传圣旨，释放所有服刑人员，杀进京城，先控制住吕后，然后宣布背汉易帜。

商量结束后，韩信发现其中一个家臣双眼迷离，态度暧昧，恐其泄密，误了大事，便命人将其关押起来。

此家臣的弟弟得到消息后，连夜进宫，向吕后密告了韩信谋反。

吕后连夜找来萧何商量。

第二天，萧何亲至韩信府，对韩信说："陈豨谋反，陛下亲率大军前去征讨，并命梁王率军合击。不知什么原因，梁王只派出少量军队，吕后不放心，想请大将军再次出马，再助皇上一臂之力，请你我到后宫面议。"

韩信听萧何说得有理，心想：如若自己能再次统领大军，背汉之事更易，便非常高兴地随萧何一起走进后宫。

走进长乐宫的钟室，韩信不见了萧何，正在犹豫，突然从四面冲出多名宫廷内侍，不及韩信反应，双腿已被利剑砍断。

韩信仰天大叫："我南征北杀，不可一世的项羽都败在我手下，想不到今天竟死在一妇人之手，真是天灭我韩信！"言尽，人已经倒在鲜血的喷涌之中。

计杀韩信，使吕雉成为最大的受益者：

一是轻松平息了即将发生的宫廷动乱，保证了京城的安宁。

二是剪除了叛将陈豨的内应，除去了刘邦平叛的后顾之忧。

三是吕后的机智与果敢，临危不惧，指挥得当，使满朝文武看到了吕后的智慧和魄力，增加了对吕后的信任与惧怕。

四是增加了吕后参与朝政的信心。在没获得刘邦批准的情况下，吕后从内宫走向朝堂独立部署完成了计杀王侯的大事。事后，刘邦默认了吕后的做法，满朝文武接受了这一现实。这使吕后尝到了亲政的喜悦，增加了介入朝政的自信，开启了她作为一名女性，走向政坛，包揽朝政的大门。

五是锻炼了她的执政能力。从此以后，每遇到刘邦外出，朝中之事都由吕后亲为，为她最后执掌朝政奠定了基础。

第四十八章　鞭太仆引火烧身　信巧言株连家族

韩信被杀，陈豨兵败的消息传出，梁王彭越如热锅上的蚂蚁，焦躁不安。

彭越原本性格暴躁，为人凶狠。当年陈胜举兵反秦时，几十个同乡觉得彭越为人仗义，人高马大，又会武功，便请他出面拉起一支队伍反秦。彭越起初不肯，后见大伙再三相劝，一片真心，便对众人说："既然你们看得起我，今天大家请先回家安顿一下，明天午时，都来到这里相聚。"

有人问："来迟的咋办?"

一个人开玩笑说："来迟了杀头!"

彭越说："好!"

第二天，彭越提前来到约定的地点，却有十几个人过了午时才陆续来到。

彭越瞪大眼睛问迟到的人："该如何惩罚你们?"

这些人见彭越认真起来，慌忙跪下向彭越磕头，并再三说："以后再也不敢了。"

其他人也帮着向迟到者求情。

彭越也不搭话，手起刀落，将最后到来的那人的头砍了下来，并以这人的头设祭，举起了反秦义旗。

从此以后，彭越从严治军的事上下皆知。他带领的军队，也特别有战斗力。楚汉相争时，彭越一直率军在楚军后方"打游击"，截断楚军的后方供应，为刘邦最终战胜项羽立下了不朽功勋。

楚汉战争期间，彭越同韩信交往较多，关系较密切，私下里两人常有来往。如今韩信被杀，彭越担心刘邦掌握了他同韩信私下交往的证据，常常坐立不安。

他的太仆见彭越心情不好，便劝彭越："韩信已死，现在刘邦最放心不下的便是梁王您了……"太仆尚未说完，彭越已火冒三丈："我随陛下南北征战多年，陛下担心我什么？"说着，便抄起打马的鞭子，将太仆猛抽一顿。并恶狠狠地说："小心我揪了你的脑袋。"

太仆害怕，连夜跑进京城，向刘邦哭告彭越要谋反。

刘邦便派使臣以突然袭击的方式抓捕了彭越。

由于太仆做证，彭越谋反的罪名成立，临刑前，刘邦约见彭越。

刘邦问："我一向待你不薄，你为何要叛我？"

彭越见事已至此，便毫不畏惧地反问："你兵败彭城时，是谁救了你？"

刘邦："是你彭越。"

"你被项羽围困荥阳时，是谁带兵在后方袭击项羽军队，保护你、支持你？"

刘邦："是你彭越。"

"你兵败命危时我不叛你，你荥阳被困、处境危险时我不叛你。如今，你已登基称帝，号令天下，并已封我为梁王，我为何要叛你？"

彭越见自己的话被刘邦听了进去，便双眼含泪说："我彭越认识陛下后已跟定陛下，绝不会反叛陛下，说我勾结韩信谋反，完全是小人陷害。"

刘邦想了想在楚汉战争中，彭越的确为汉兴楚灭做出了很大贡献。如今，彭越已近暮年，何必非杀不可呢？便传旨："免去彭越死罪，废为平民，流放蜀地。"

彭越负罪西行，中途正遇上吕后东来。吕后便将彭越传到近前问："梁王为何如此打扮？"

彭越惭愧地说："奴才如今已是戴罪之身。"

吕后问："梁王犯了何罪？"

彭越答："有人告奴才谋反。"

吕后问："你可曾谋反？"

彭越答："我绝不会谋反。"

吕后说："说别人谋反我信，说梁王谋反我不信。梁王为我大汉建立拼杀了一生，梁地又是富庶之地，鱼米之乡，梁王怎会谋反呢？这里面一定另有文章，你放心随我回宫，等我面见皇上，问清情况，请皇上收回圣旨，让你重返梁国。”

吕后见了刘邦便说：“彭越为人豪壮，英勇过人，如将其流放蜀地，日后定为后患。”

刘邦本不想多与吕后交谈，便随口说：“此事你酌定吧。”

于是，吕后便让人再告彭越谋反，再审，最后不仅杀了彭越，且株连其家族。

第四十九章　祸起萧墙英布背汉　误入民宅猛将丧身

淮南王英布常出外打猎，一次回大营晚了一些，远远看见其爱妾从一个臣僚的家门内出来。

英布在陪这名爱妾用晚餐时，故意提到这名臣僚，爱妾便将那个臣僚夸赞了一番。英布便怀疑这名爱妾同那个臣僚私通，不然怎么会了解他那么多事，一个女人又那么晚了从别人家里走出来。英布越想越气，那爱妾还在毫无察觉地称赞那臣僚时，英布却将饭碗摔在地上，大吼一声："我一定杀了他！"

这爱妾本来是因为有病，常到一老中医家里就医，这臣僚正与那老中医对门居住，为巴结英布，便常陪这女人去看病，有时也有意留下她和那老中医一起吃酒，时间长了，双方各有好感，并未越过雷池。

爱妾害怕出事，便将英布发脾气的事悄悄告诉了那臣僚。那臣僚害怕，连夜跑到了京城，告英布谋反。

刘邦问萧何此事该如何处理。

萧何说："也可能是这人同淮南王结有私怨，诬告淮南王，应该先了解一下情况再做打算。"

刘邦便派出使臣去见英布。

在楚汉战争中，韩信、彭越、英布同为刘邦手下的三大猛将，楚灭汉立后，这三人同时被封为异姓王。如今，韩信、彭越已死，英布本已如惊弓之鸟。当他听说那臣僚已连夜逃往京城时，断定刘邦会发兵来剿灭他，便将那臣僚的全家杀了。

如今听说刘邦已派使臣来，便更加坚定了他的判断。他毫不犹豫地杀了使臣，举兵叛汉。

消息传到了京城，刘邦又一次亲率大军征讨，并传令各诸侯王，共同起兵围剿英布。

此时，英布已率军打败了刘交的军队，正率军西上，遇到了前来征讨的刘邦。

两军对阵，刘邦远远地看着英布问："你为什么要叛我？"

英布反问："你为啥要杀韩信？"

刘邦："韩信叛汉。"

英布："你为什么要杀彭越？"

刘邦："彭越叛汉。"

英布："你杀了韩信，又杀了彭越，下一个要杀的目标肯定是我，我不叛你也要被你所杀，所以今天老子反了。"

刘邦："你想如何？"

英布："我要杀了你，我自己做皇帝。"

刘邦大怒，便命大军擒贼。

双方激战多时，终因英布兵力不及刘邦亲率的大军而败退到淮河以南。正遇刘邦从各地调来围剿的军队，英布连战多役后，身边仅剩下 100 多人。

在英布继续南逃时，遇到长沙王的信使，告诉他长沙王正在前边小村中等他，欲与他一起南逃。

英布曾与长沙王之女通婚，二人同为刘邦赐封的异姓王，私交甚好，便信以为真。

英布随信使到了一个小村，见村头有三间民房，这时，有一人从民房里走出来，告诉英布："长沙王在房里等你，同你密商南逃之事。"

英布见四周并无军队，便放心地下马，独自走向民房。

英布刚走进民房内，四面突然冲出十多名武士，没等英布反抗，便将他剁成肉泥。

第五十章　恩加海内返故里　盛宴欢歌唱大风

英布死后，刘邦最不放心的几个诸侯王已全部被剿灭。其余各诸侯多为刘姓，少数几个异姓诸侯，或是跟随自己多年，同生死，共患难的至交好友，皇亲国戚，或系边远小国，无叛乱的实力。

刘邦如释重负，心情愉悦，忽然想起自联项反秦、楚汉争霸以来，已十多年没回到自己的生养之地——沛县了，便决定顺道衣锦还乡。

刘邦要返乡的消息迅速传开。刘邦的军队刚进入楚地，楚王刘交已亲率大小官吏在道旁跪迎。沿途车道两旁，挤满了从四面八方闻信赶来的百姓。官方虽早有安排，沿途有官兵护卫，五步一岗，十步一哨，仍难以控制家乡父老对当今皇上的敬慕之情，大家携儿带女，有的怀揣干粮，顶着风吹日晒，徒步百里，只为看一眼刘邦的车队，企求有幸一睹汉皇的龙颜。在刘邦车队所经之处，两边的人群“万岁！万岁！万万岁！”不停地喊破了嗓子，有的甚至追随刘邦乘坐的皇车奔跑了数十里。

皇家车队经过彭城，楚王早已在彭城最好的酒楼订好了盛宴。刘邦为满足彭城人的心愿，只让车队从彭城穿越而过，并不停留。

皇家车队经过沛县，沛县人全城出动，人人身着节日的盛装，举着“家乡欢迎你”的彩旗，挤满了沛县的大街小巷。刘邦从龙辇里走出来，骑上专备的战马，双手抱拳，面露喜悦地从一个个家乡人面前走过。

他又一次看到了当年常去喝酒的小酒馆；樊哙卖狗肉的狗肉摊；他经常出

入的沛县县衙。一件件有趣的往事就像刚刚发生在昨天，令他心旌摇动，思绪万千。

车队快到老家村东的池塘时，随行的沛县令向他禀报："前面的水塘如今已开挖成南北贯通的河，在当年皇太后（指刘邦母亲）的小憩之处，刚建了一座大桥。"

刘邦小时候曾听母亲讲过其池边怀孕，最后生下他的故事，听到沛县令的介绍，便传旨："前面大桥旁下马。"

到了桥上，刘邦跳下马，才发现这片原来经常戏水，和小伙伴们捉迷藏，用草棍逮黄鳝的池塘，如今已变成一条南北走向的大河，河水清澈见底，不时可发现几条小鱼从水中游过。水面上用青石板架起了一座石板桥，两头的栏杆上分别涂刷着"龙临桥"三个醒目的大字。刘邦已明白家乡人的用意。

抬眼向桥对面望去，刘邦发现桥对面已站满黑压压的人群，人群中有许多自己熟悉的面孔，忙快步走了过去，那些人见刘邦走来，全部齐刷刷跪了下去，像是提前经过演练似的，同声高喊："吾皇万岁！万岁！万万岁！"

刘邦紧走几步，伸手将众人扶起，一面为他们掸去腿上的泥土，一边按儿时的称呼，逐一呼唤着他们。

大家见刘邦还是当年那个刘季，还是那么亲切，那么无拘无束，一时全忘记了官府提前的安排，一改刚才的拘谨，全部口无遮拦地喊起了刘邦的乳名。几个被刘邦喊作"大娘""婶子"的妇女，索性拽着刘邦的臂膀，嘻嘻哈哈地向村里走去。

村里早已为刘邦搭建了临时行宫。

第二天，刘邦命人在临时行宫前的空地上，摆起数十张桌椅，架起了十多口大锅，拉来数十坛好酒，遍请全村男女老幼，儿时故交，沛县城内的旧友，能叫上名字的远亲，加上楚王和各级地方官吏，数百人共同欢饮。并在筵席一侧筑一高台，让他随行带来的100多位艺人，同时击筑、拨琴，场面极其热闹、壮观。

席间，楚王、沛县令、同乡长辈、儿时故交等轮番为刘邦敬酒，每次刘邦虽都是象征性地轻轻一抿，但敬酒的人数多了，不知不觉中已酒至半酣。

恰在此时，阵阵东风平地而起，越刮越大，周围的小树被风吹弯了腰，频频低头，像是在共同向刘邦叩头；天上的白云，一朵朵，一片片，跑马灯似的在人们的头上快速掠过；远处小路上被风吹起的扬尘，像一群群牛羊欢快奔跑、跳跃。

刘邦久在宫中，常奔走于沙场，已久违了此情、此景。看着这难得的欢聚场面，禁不住思绪驰骋，思前想后，百感交集。一时兴起，快步走向奏乐的高台，右手抽出腰间的佩剑，眼望高台，剑指飞云，有感而发地吟唱道：

大风起兮，云飞扬，

恩加海内兮，归故乡，

安得猛士兮，守四方！

大风吹起来了，白云在快速飞扬。

我已统一了天下，今天衣锦还乡。

（近亲故友啊，欢聚一堂，谁理解我此时的心情啊？喜乐惆怅。）

（你们）谁可以多为我推荐勇士？

守护大汉的四方！

见刘邦如此激情的吟唱，随行的文臣武将全都站起身，和着刘邦的声韵，同声吟唱。

楚王、沛县令等地方官吏，见朝中大臣已和刘邦合唱，也不甘示弱，同时走到刘邦的身边，和刘邦一起吟唱。

家乡的父老，此时已听明白刘邦的心声，清楚了刘邦吟唱的歌词，大家乘着酒兴，高举酒杯，以不同的声调同时吟唱起来。

100 多名艺人被深深地感染了，大家全部从座位上站起来，抱着自己的乐器，一边击弹一边合唱。

数百人的声音汇聚在一起，如巨浪推雪、似排山倒海，共同发出节奏一致的洪亮和声：

大风起兮，云飞扬，

恩加海内兮，归故乡，

安得猛士兮，守四方！

这声音使天上的飞云似停了下来，

这声音使周围的小树抬起了头；

这声音吸引来许多飞鸟，村里人养的鸡、鸭、猪、羊共同驻足观看；

这声音传到村东的小河里，河面上腾起欢快的细浪；

这声音传到高高的天际，从天的东面腾起一团红霞，红色的霞光很快遮住了蓝天，染红了朵朵白云。

第五十一章　临山洞笑忆当年险　登石台再唱大风歌

刘邦一行恋恋不舍地离开了家乡，楚王和家乡父老送了一程又一程。最后又站在路边，看着刘邦的车队缓缓而去，直到望不见车队的影子，大家才一步三回头地散去。

车队正行进中，刘邦突然望着远处的一座青山问："前面是什么山？"

侍从答："是萧地的龙岗山。"

车队经过龙岗山脚下时，刘邦让人停车，自己从车上下来，望着山头。寻着上山的小路，一步步登上山去。

走到一块悬崖旁，刘邦停了下来，注目对面悬崖上的一个山洞，深深鞠了三躬。

随行人员见皇上如此，全部跪下身去，向山洞磕了三个头。

等大家站起身来，刘邦才含泪微笑，略有所思地说："这山洞曾救过我的命，有恩于咱大汉呀！"

原来，这座位于芒砀山东南不足百里的龙岗山，东距彭城约 60 里。

当年，刘邦兵败彭城后，身边仅剩十多名随从，被项羽紧紧追赶。行至这山下，被此山拦住了逃路，眼看项羽追兵将至，刘邦座下的战马突然一声长鸣，腾空而起，等大家回过神来，十多个人连同刘邦的战马，已经全部挤进这座山洞里。刘邦向外一看，洞口大开，洞前视野开阔，心想：项羽的追兵来到，一眼便可看到我们在洞里，岂不坏事？嘴里便说："洞口能有块石头就好了。"

话音刚落，只听"轰隆"一声，从山顶滚下一块巨石，正好落在洞口处。

刘邦从石头两侧望去，还可以清晰地看到洞外，便说："这两边的小草该长高点。"

大家再看那小草，一棵棵都如变戏法一般"噌噌噌！"地向上长，一会儿便遮住了洞口。

项羽追兵到时，只看到洞口的石头，石头四周深深的野草，竟没发现石头后面有一个山洞，更没想到刘邦等人会躲在这山洞里。

项羽追兵离去后，刘邦等人费了好大劲才从山洞里走出来。

出了洞口，大伙才想起来已经连续两天两夜没吃东西了，一个个又饥又饿。正在此时，却见刘邦的战马用前蹄使劲踢扒，扒碎一块石头，竟从下面涌出清清的泉水来。那马俯下身去喝了个饱。

刘邦无奈地将宝剑掼向大石，嘴里说："难道要人畜同饮吗？"

说来奇怪，刘邦的宝剑提起时，一股清凉的山泉水随剑而出，便命随从共饮。

刘邦介绍到这里，面向众人，郑重地说："大丈夫知恩必报，这洞，这泉，这山都要善加保护。"

（刘邦走后，当地官吏便派专人对山泉、山洞和龙岗山保护起来。并将那山洞称作"皇藏洞"，那山泉叫作"拔剑泉"，后来又将龙岗山脉的这一部分命名为"皇藏峪"。

由于世代保护，年年植树，皇藏峪便逐渐发展为一处植被丰满，景色万千的国家级森林公园。

这里山、水、泉、洞、寺、树、花、鸟融为一体，和谐相处。春来满山滴翠，山鸟和鸣；夏至林涛荡波，凉风习习；入秋万紫千红，野果飘香；寒冬，雪压松柏，如诗如画。成为远近闻名的"幽谷圣地""北国西湖"。

后人曾写下一首回文诗，盛赞皇藏峪之美：

前来翠霭积烟村，
兴触诗人醉酒樽。
悬涧水声琴入韵，

列屏山景画留痕。
泉飞带雨穿虹架，
树曲盘岩抱石吞。
天接路高登步步，
烟云起落碧当门。

如果将此诗倒过来读，则是：

门当碧落起云烟，
步步登高路接天。
吞石抱岩盘曲树，
架虹穿雨带飞泉。
痕留画景山屏列，
韵入琴声水涧悬。
樽酒醉人诗触兴，
村烟积霭翠来前。

如将这首诗正读，并删去每句的前两个字，又成为如下的两首诗：

其一：翠霭积烟村，诗人醉酒樽。
　　　水声琴入韵，山景画留痕。
其二：带雨穿虹架，盘岩抱石吞。
　　　路高登步步，起落碧当门。）

按照刘邦的安排，皇家车队出皇藏峪后，直奔芒砀山。

车队行进在一望无际的大平原上，举目远眺，海天一色，天如穹顶，地似圆台，穹顶上飞翔着一朵朵白云，圆台上野花斗艳，杨柳婆娑。一片片绿树丛中，分住着几户人家，从一个个大大小小的村庄里，不时传来人的笑声，鸡的鸣叫，狗的低吠。

时近傍晚，一轮斗大的红日，从西天际的空中缓缓下行，先吐出千条丝状的红绸带，红绸带遮住了白色的云，然后从地平线上喷射出万道霞光，很快将西边的苍穹染成了红色。

红色飘荡，刘邦猛然看到红霞下那起起伏伏的几块黑影。

刘邦高兴得脱口高呼：“芒砀山，前面就是芒砀山！”

刘邦对千里平原上的这几座并不算高的小山包太熟悉了。

是这座山使他坚定了抗秦的决心，从在这座山坡上挥剑斩蛇那一刻起，他便从世代农民的家族中走出来，走向彭城，走向咸阳，走向君临天下、至高无上的皇帝宝座。

是这座山里的父老兄弟支持了他，在他最困难的时候，山里人用舌边省下的粗粮淡饭，养育了他初创时期的军队。将一个个活蹦乱跳的小伙子送给他，扩大了他的队伍。没有芒砀山里的这束火苗，他就不可能将改天换地的熊熊烈火，烧向全国，烧出如今这称雄于世界的大汉。

刘邦是皇上，更是一名顶天立地的男子汉。他知恩必报，从这座山里走出后，他心胸中始终装着这里的山山水水，这里的父老乡亲。

他登上皇位后，公开宣布免税三年的地方就是老家沛县和芒砀山所属的芒郡。当时，芒砀山这一带属酂，已封给丞相萧何为食邑，他为了芒砀山的百姓，亲自将萧何的封地改为南阳，而将此地作为他自己的汤沐邑。

一阵响亮的锣鼓声打乱了刘邦的思绪，他抬头一望，原来远处的太阳已躲进地平线以下，夜幕已遮盖了大地。千百只火把再次将黑夜点燃得亮如白昼。这些火把正快速向皇家车队涌来，走在火把前面的是欢快的锣鼓队。

原来是砀郡官吏和芒砀山的父老在欢迎刘邦。

刘邦急忙走下马车，快步奔向欢腾的人群。

火光中，欢迎的人群已认出了走在前面的刘邦，大家急忙跪伏于地，欢呼：“吾皇万岁！万岁！万万岁！”

刘邦将大家挽起，老人们围着刘邦问长问短，七嘴八舌，年轻人则欣喜若狂般地举着火把蹦着、跳着、欢呼着。

在众人的簇拥中，刘邦走向芒砀山深处，行走中他才发现，在他下车后行走的路两旁，芒砀山家家户户的门前，都挂着喷着欢快火苗的油灯，远远望去，山上山下，山前山后，如万星闪烁。

山前，已提前为刘邦搭建了临时行宫。临时行宫前平出了一片平整开阔的场地，场地中间，身着彩色节日艳装的少男少女在欢快地扭着秧歌。几支舞狮队在拼尽全力，争先斗彩，这边一对子母狮子戏耍彩球，翻上翻下；那边一只小狮子摇晃着脑袋，快速爬上一根直立的竹竿，然后腾空跳下，正落在地面一对大狮子的背上，引来围观乡邻的阵阵喝彩声。

场地一侧有一石台，石台四周挂上了多盏油灯，几位民间艺人在石台上尽情吹弹着各种民间乐器。从石台上铺设的红地毯一直延伸到场地中间。

场地东侧自东向西，放着10排桌椅，桌椅上已摆满了芒砀山自产的各种水果，具有中原特色的丰盛佳肴和地产的美酒。

在千人的欢呼和注目下，刘邦走向位于筵席中间的一张宽大酒桌，接过一位女侍者奉上的酒樽，双手举过头顶。此时，周围的歌乐声、人们的欢笑声全部停了下来，黑压压的人群瞬间寂静无声，空气似乎也凝固了，人人可听到邻座的呼吸声。

待众声平静以后，刘邦用洪亮的声音说道："我刘邦有今天，大汉有今天，芒砀人位居首功，我首先敬芒砀父老一杯酒！"说完，一饮而尽。

全场同时站起来，人人高举酒樽，同声高呼："吾皇万岁！万岁！万万岁！"然后，同时将杯中酒喝尽。

人们正欲落座，却同时听到从群山之中折回的回声："吾皇万岁！万岁！万万岁！"

听到回声的人们震惊了，大家不约而同地忘情跳跃，边跳边一遍又一遍地连声高呼："吾皇万岁！万岁！万万岁！"

芒砀山一遍又一遍地发出和声："吾皇万岁！万岁！万万岁！"

和声中，一团紫气首先从紫气岩升起，升到高空后变成连续不断的片片紫云。紫云自北向南飘到人们的上空停下来，似万盏紫色的彩灯，倾泻下万道紫光。

一束紫光落到刘邦身上，使刘邦紫光四射，本来就魁伟的身材更加高大。

在场的所有人都情不自禁地再次欢呼，"吾皇万岁！万岁！万万岁！"的呐喊声，群山的和鸣声响成一片。

场外的人越聚越多，山上山下，到处是群情激昂的人，星光闪闪的灯，夜幕下的芒砀山彩光四射，格外神秘。

刘邦再次被场内外父老乡亲的热情、激情所感染，左手举着酒樽，右手提剑，在两名内侍的引领下，踩着红地毯，快步走向石台。昂首挺胸，目视东南，举剑过头顶，再次吟唱起《大风歌》：

大风起兮，云飞扬，

恩加海内兮，归故乡，

安得猛士兮，守四方！

洪亮的吟唱声，再次引发群山的回荡，传向四面八方。

听着这次吟唱，樊哙等勇猛之士，听到的是豪迈：我举旗发迹的地方，我又回来了，从这里走出去时，我只领数百人。如今，我一统天下，号令亿万之众。地面大了，人丁多了，我需要更多的勇士为我镇守边防，保家护国，苍天啊！请您赐给我吧！

张良听到的是刘邦发自内心的忧虑：我已老矣，百年之后，我的子子孙孙能守住我所开创的这片疆土吗？太子刘盈能称职吗？如今韩信、彭越、英布等当年的战将，因反叛朝廷已被我剿灭，萧何、张良等忠心能臣和我一样，已近暮年，我该到哪里再去寻找他们这样的能臣武将呢？

砀郡守及地方官吏听到的是希望：现在，四海初平，万事待兴，需要我们做的事情很多，你们这些人，要多为国家着想，为朕分忧，多发现人才，多推荐人才。

少壮之士听到的则是激励：现在国家正是用人之际，海阔凭鱼跃，天高任鸟飞，只要你有真才实学，愿意为国家效力，我就会重用你，给你提供充足的空间，充分发挥你的作用。努力吧，年轻一代，大汉的明天属于你们！

刘邦离开芒砀山后，人们便将那块石台世代保护起来，并将它称为歌风台。

第五十二章　龙床低泣逼换太子　石退三步张良还乡

刘邦回到咸阳的当晚，久别的戚氏，不似以前那样喜眉笑眼，百般温存，而是面带愁容，眼角溢泪。

刘邦捧起戚氏俊俏的脸问："美人受了谁的欺负，快说给朕听。"

戚氏并不言语，眼角的泪花却变成了泪珠，一串串地从戚氏的美脸上滚滚而下。

刘邦疼爱地为戚氏擦去泪珠，说："你有什么委屈只管说，朕为你做主。"

戚氏闻听，竟"哇"的一声哭出声来，酥香绵软的身子在刘邦怀里不停抽动。

刘邦再三询问，戚氏才委屈地说："你还是让我和如意（戚氏所生刘邦之子）离开京城吧，在这里俺母子是人家的眼中钉，早晚要被人所害。"

刘邦听戚氏如此说，心里已明白了八九分，定是又同吕后闹了别扭。

过去，戚氏也曾经向刘邦说过，吕氏如何独揽后宫，欺压嫔妃，勾结外臣，干预朝政的事。刘邦已隐隐有一种感觉，吕后在利用自己身为皇后和其子太子刘盈的影响，培植亲信，拉帮结派，扶植吕氏一脉，打压不同政见者，插手朝政，图谋不轨。

这次戚氏以这种方式向自己施压，刘邦的确左右为难。

在刘邦现在的心目中，的确想让刘如意取代刘盈而成为太子，这不仅是因为刘如意同刘邦相处时间较长，同刘盈比起来，更聪明，更乖巧，更招人疼爱。更为主要的是，刘邦担心刘盈当太子，百年之后，自己亲手打造的江山会更姓为吕，而刘盈则可能会成为吕氏家族的傀儡和摆设。

但中途换太子谈何容易，且不说已经在朝中盘根错节的吕氏家族会疯狂反对，朝中大臣也很难接受这一巨变，弄不好便会引发一场腥风血雨。

想到这里，刘邦拍了拍仍在低泣的戚夫人，轻声说："此事太大，你容朕细细谋划。"

听刘邦如此说，戚夫人也知此事非同小可，只得抹去眼泪，对刘邦温存起来。

刘邦试探性地问萧何："我这些儿子中，你看是刘盈聪明还是刘如意更聪明一点?"

萧何徒然变色："陛下万不可做这打算，如今天下已定，且不可一招棋失，满盘皆输，引发内患。"说毕，头也不回地走开了。

刘邦又问张良："刘如意聪明过人，心地善良，他如能承继大统，我大汉就无忧了。如何让他担当大任呢?"

张良思忖良久才说："天有天道，皇有皇规，逆道而行，必至祸殃。"

张良回到家里，似乎看到了皇宫大海中已经出现可怕的旋涡，如何躲开这巨大旋涡的冲击呢？张良眼前忽然出现了家乡桥上的那位老人，耳边再次响起"13 年后，我会化作一块黄石，在此等候你"的话语。

张良仔细算算，13 年已经到期了。便以"养病"的名义，向刘邦告假。

张良衣锦还乡，没惊动地方官吏，没带大队车马，没带充足的金银珠宝，而是一身布衣，仅带了三个近侍，坐一辆普通的马车，如普通人走亲戚一样回到故乡。

第二天，他没让任何人跟随，独自来到当年遇到老人的桥头。注意看时，在桥头一边的确立着一块较大的黄色石头。

张良急忙点燃随身带来的香、烛、贡品，跪下身，向黄石行大礼。然后说："我张良能有今天，多亏了您老人家的指点。如今，可以说我已功成名就，下一步我该如何走，还请您老人家明示。"

抬头见黄石毫无动静，张良站起身，走向前去，欲抚摸黄石。

谁知那黄石未等张良走近，却向后退了一步。

张良再上前一步，黄石又后退一步。

黄石连退三步，上部摇了三摇。张良恍然大悟，哈哈大笑着说：“原来您老人家是要我功成身退。妙！妙啊！哈哈哈哈。”

张良止住笑声，却不见了那块黄石。

从此，张良便有意隐退，称病不出，摒弃朝中纷争，专修黄老之学，一心修道养精，平安地静养至病逝，谥号文成侯。

第五十三章　以弱掩强刘邦中计　汉匈和亲稳定北疆

西汉初年，受命镇守北疆的韩王信背叛汉廷，将边境重城马邑（今山西朔县）拱手献给匈奴。匈奴王冒顿单于引兵南下，兵临晋阳（今山西太原）。

消息传到长安，汉廷上下震惊，已近花甲之年的汉帝刘邦再次亲率大军北征。

西汉北征大军出关以后，得到了北疆民众的大力支持，一路粮草供应及时，兵源补给充足，士气高昂，连破韩王信的叛军和冒顿单于的匈奴军，过关斩将，将冒顿单于逼至代谷（今河北蔚县东北）一带，刘邦则乘胜进入晋阳。

连战连捷之后，刘邦为摸清匈奴及韩王信叛军的真实情况，先后派出多名使臣和侦察人员，深入匈奴腹地刺探军情。得到的情报是一致的，经过前几次汉匈大战后，匈奴及韩王信的叛军损兵折将，军营中多为老弱病残，粮草供应不足，士气低落，已不堪一击。

刘邦闻信大喜，召集文臣武士决定乘胜与匈奴军决战，一举彻底歼灭冒顿单于和韩王信的残兵败将，平定北疆。为自己的征战生涯画上一个圆满的句号。

听了刘邦的决定后，已在大漠连续征战数月的文臣武将一个个群情振奋，以为再经此一战，便可班师回朝，同家人团聚了。

在文臣武将的一片赞扬声中，郎中刘敬则提出了不同意见：“汉匈多次交战，我军虽接连获胜，但据战场歼灭和擒俘敌军将士情况分析，匈军主力并未受到重创。如匈军确实到了不堪一击的状态，为迷惑我们，应该尽力展示其军事实力，削弱我军乘胜进军的斗志。而此时匈军一再向我军示弱，分明是在诱我深入，内中必定有诈。在此种情况下如贸然进军，极易进入敌军的圈套，凶多吉少。”

刘敬的意见无疑给刘邦及众将领当头浇了一盆凉水。

樊哙首先站出来质问刘敬：“我大军出师以来，攻必克，战必胜，韩王信叛军和冒顿单于均不堪一击，我军接连收复失地，难道都是中了敌军之计吗？”

刘敬说：“冒顿单于的军队以前并未同我大军交战过，加之我军北征以来士气高昂，所以导致初战时我军接连获胜，敌军节节败退。经过多次交战后，战场形势已发生重大变化，许多因素有利于敌而不利于我，再次交战必须慎之再慎。”

刘邦问刘敬：“目前战场上哪些因素有利于敌而不利于我？”

刘敬回答说：“随着战场的北移，敌军的战斗前沿已同其后方接连一起，物资及兵源补给方便，而我军已远离后方，物资及兵源补给困难，此为其一；数次恶战后，我军将士已相当疲惫，急需休整，而敌军的后续部队以逸待劳多时，斗志正盛，此为其二；此时已近寒冬，我军将士衣装单薄，对漠北严寒气候非常不适应，许多士兵的手足已严重冻伤，战斗力明显降低；而敌军久在北国，已适应了天寒地冻的天气，且着装丰厚，此为其三；如今敌军对我军的装备、战法、战斗力等均已了如指掌，而我军现在得到的敌军情报很可能是敌军故意诱我上钩的鱼饵，此为其四。有此四点，双方再战，我军必定吃亏。”

周勃则怒气冲冲地说：“目前我军士气正盛，如再拖延，斗志必受影响。如今天气确实不利于我军，但如果再拖下去，天气越来越寒冷，对我军更加不利。我军乃正义之师，汉廷上下都在支持我们，期待我们尽快凯旋。汉朝初建，国民尚不富足，打不起消耗战，久拖必生变，只有一鼓作气，置敌于死地，才是上策。”

刘敬还想辩解，刘邦则说：“众位将军说得有理，全军上下做好大军随时出击的准备。”

刘敬则上前几步，双膝跪地，高呼：“陛下三思，如此役不慎，陛下危矣。”

刘邦恼羞成怒，喝令将扰乱军心的刘敬就地囚禁，待击溃匈奴后再治其罪。

刘邦亲率大军离开晋阳，快速向北推进，一路上竟很少遇到有力的反抗。

大军急行军一天，太阳落山时，前军已行至白登山，刘邦便命大军原地休息，明日再战。

指令刚刚发出，就听白登山上一声炮响，西汉大军的四面，同时冒出无数的匈奴劲骑，西面的匈奴骑兵全部是白甲白马；东方的匈奴骑兵全部是青甲青马；北面的则全是黑甲黑马；南方的全是赤黄甲赤黄马。所有的匈奴骑兵均身着温暖的皮裘，戴着狐帽，骑着高大的骏马，手持利剑，喊着汉人听不懂的口号，吹着口哨，杀气腾腾地从四面包围过来，远远望去，如一团团奇怪的彩云，同时出现在汉军四周的洁白雪地上，快速向汉军核心飘动。

刘邦见此情景，已知匈奴人早有预谋，后悔没听从刘敬的忠言。急命前路军拼死夺下白登山阵地，其余大军快速向白登山集结。

借助白登山的有利地势，汉军层层设围，拼全力应战，虽死伤较多，终于没有让匈奴军突破核心防线。

激战一夜，至次日太阳爬上白登山东面的地平线时，匈奴军才停止进攻，将白登山团团围住。

一夜激战过后，刘邦仍无睡意，他登上白登山一块巨石，举目远望，匈奴军的包式军棚在四周层层叠叠，望不到尽头，从一处处篝火炊烟分析，匈奴军正在就地野餐。敌我帐篷的中间是一夜厮杀的战场，猩红的血水已遮盖了皑皑白雪，血水上面横七竖八地躺着一具具敌我双方的尸体，尸体中间穿梭着一条条野狗野狼，一只只饿鹰不时盘旋而下，撕咬着一具具仍在流血的尸体。而在我军的阵地上，由于帐篷不足，许多士兵就地躺卧在白雪上，许多人耐不住寒冷，双手捂着耳朵在原地踏步，将冻雪踩得“咯吱咯吱”作响。还有许多伤员身上缠裹着白布，在寒风中被冻得瑟瑟发抖。

看着，看着，不知是心有所痛，还是被寒风吹打，两颗清清的泪珠，不知不觉地从刘邦的眼眶中滚出，在鼻两边滑动了一下，便被一阵寒风吹向了冰凉的空中。

刘邦用手揉了揉眼睛，正欲返回帐篷，却听到远处的号声又响，喊杀声再起，团团恶云再次从四面八方向白登山飘来。

又一场恶战开始了。

匈奴军似已做好了长期作战的准备，每次进攻只出动部分人马，每天都发动三至四次对我军的轮番进攻。

坚守到第五天，我军严重减员，军中粮草严重不足，士气进一步低落，战斗力明显减弱，形势更加危急。

在刘邦心急如焚、一筹莫展时，陈平来到了刘邦的身边。

刘邦看到陈平的目光，知他已想出了突围之策。不等陈平说话，急问："护军（此时陈平任刘邦大军的护军都尉）有何良策?"

陈平说："我已打探清楚，匈奴王冒顿单于最宠爱的爱妾阏氏，酷爱中原珠宝，最害怕有人与其争宠。我们可命能言善辩之士，潜出包围圈，想办法面见阏氏，献上珠宝和这张美人图，阏氏必定会拼尽全力，说服冒顿单于，放我大军出去。"

说着，陈平打开随身所带的美人图，便见图上的美人身材婀娜，容貌清秀，双目含情，红唇白齿，倾国倾城。连年老的刘邦看见也心有所动。

刘邦便问陈平："此图可做何用?"

陈平抿嘴一笑说："将绝好的珠宝送给阏氏，告诉她如能帮助解我军之围，以后年年恭送。并托她将这张美人图送给冒顿单于，对她说此图是中原绝佳美人的画像，愿送给冒顿单于做小妾。阏氏见如此美貌的女人，必担心将来会夺其之位，一定要求我们千万不可送于冒顿单于，并会担心，她如说不服冒顿单于，我们还会想办法托别人送去，就会拼尽浑身解数说服我们不送，逼着冒顿单于放我们一条生路。"

刘邦觉得有理，便向陈平点了一下头。

那阏氏收到珠宝和美人图后，当即将美人图付之一炬，并承诺："一定说服匈奴王网开一面，将你们放回中原，从此两家息兵罢战。"

当晚，在匈奴王冒顿单于同阏氏温存之后，阏氏长长地吐了一口闷气。

冒顿单于马上问："羊羊（冒顿单于对阏氏的爱称）为何不乐?"

阏氏故作愁苦状："昨天见一颗星星从北边滑落，我请人推算，说大王近期有难。"

冒顿单于："如今我已将刘邦围困于白登山上，不日即可将其击杀，随后我便可率数十万铁骑，踏遍中原，何灾之有?"

阏氏："你可曾听说刘邦反秦时曾手刃白龙？他是天上派下来的赤帝子，连力可拔山的楚霸王项羽都死在他手里，你能比项羽还强吗？"

冒顿单于："他刘邦再硬，难道能硬过我的利箭？"

阏氏："别说你根本杀不了刘邦，即便杀了刘邦，汉室多大？中原能人有多少？到头来总会有人找你算账。大王蒙难之日，也是妾的祭日。"说着，伏在冒顿身上失声痛哭起来。

实际上，冒顿单于已侦探到西汉援军已离此地不远，原来同其约定合击刘邦的其他几路蒙古王却迟迟不肯发兵。待汉军援军一到，自己孤军作战，取胜的把握不大。正进退两难之际，听了阏氏的泣诉，觉得有理，又不忍让美人痛苦。便扳过阏氏的身子，帮其擦去泪珠后说："羊羊不要再哭，本王听你的。"

阏氏马上止住哭泣，满脸由阴转晴，抱住冒顿单于的脸，左右各啃了两口。啃得冒顿单于春心再动，翻身上马，又是一阵狂风暴雨般的酣战。

第二天，刘邦得到情报，冒顿单于已在白登山的西南方向让出一个缺口，刘邦的人马可以从这一缺口处离开包围圈。

刘邦按照陈平的建议，先放出一队约 1000 人的轻骑，见匈奴军方面并无异常，才换上汉军士兵的戎装，在外围数百名弓箭手执箭在弦，箭头向外；内层数百名精兵持戟护卫；再内又有数百名精兵持短刀的保护下，缓缓走出匈奴的包围圈。

刚走出包围圈，便遇到了灌婴率领的援军。两军会合后，刘邦率领西汉大军再次进入晋阳城。

随后，刘邦同匈奴王共同约定：汉匈两家和好相处，每年西汉支持匈奴一批锦缎、珠宝、粮食，匈奴进贡汉廷一批牛、羊，从皇室到民间，鼓励汉匈和亲，从而保持了北方边疆的稳定。

第五十四章　商山四皓助刘盈　刘邦泣唱《鸿鹄歌》

刘邦从漠北回到长安后，预感到上天留给自己的时日不多，在戚氏的再三泣逼下，加快了撤换太子的步伐。

皇后吕雉听到消息后，立即召集吕氏集团的智囊和朝中近臣商量，所有人都认为，无论如何也要保住刘盈的太子之位。但如何说服刘邦，放弃更换太子的计划，却拿不出很好的意见。

无奈之下，吕后亲自去拜会张良。

张良虽在家赋闲多日，但对吕后的来意已一清二楚。

吕后再三请求张良出面说服刘邦，放弃更换太子的计划，张良则坚称自己已远离朝堂，不便插手皇家私事。

吕后屏退张良身边的人，猛然提起长裙，双膝跪伏于张良面前。

张良见状大惊，忙伏身跪向吕后，连喊："皇后不可如此！皇后不可如此！您折煞子房了。快快请起。"

吕后并不起身，而是用如泣如诉的声音说："论公您是国之栋梁，如今国难在即，您袖手旁观，当为不忠；论私，您是我吕雉今生最看重的亲人，亲人有灾，您视而不见，当为不义。您可不忠不义，我吕雉虽为女流，绝不会视国家危亡而不管，今天，我为国、为家舍出去了，您不出山，我便在此长跪不起。"

听吕后如此说，张良深受触动，心想，有吕后如此坚韧的性格，再加上朝中盘根错节的吕家及太子的关系网，已至暮年的刘邦，已很难撼动吕氏这棵大树。即便刘邦不顾一切地换了太子，刘邦百年之后，戚氏和刘如意也难以控制大局，到了那时，定会血溅朝堂，害国害民。如此分析起来，倒不如给吕氏支上一着，助上一臂之力，使国家免受再次战乱之苦。

想到这里，张良已有了主意，便对吕后说："我有一计，可保太子无忧，皇后起身，我便告诉您。"

吕雉听张良如此说，便起身坐好，眼望张良。

张良仍跪在原地说："如今我去劝陛下，陛下也绝不会改变主意。陛下要更换太子，除其他因素外，一个重要的原因是担心太子过于仁慈，能力不足，他百年之后，太子难以独撑大局。如皇后此时能请来'商山四皓'辅佐太子，陛下便会改变更换太子的主意。"

吕后听张良如此说，便辞别张良，备了丰厚的礼物去请"商山四皓"。

"商山四皓"分别是东园公、角里先生、绮里季和夏黄公四位高人。这四人通晓天文，熟知地理，懂预测，知兵法，是当时西汉上下人人敬仰的四大奇才。当年刘邦取得天下时，曾专门派人请他们四人出山，帮助西汉料理朝政，被他们婉言拒绝了。

这四位高人虽深居简出，对朝中大事却了如指掌。他们既知道吕后生性坚毅，处事果断，在朝野上下党羽众多。又了解吕后心狠手辣，顺之者昌，逆之者亡。对吕后又敬、又恨、又怕。当吕后亲自登门请他们辅佐太子时，他们便跟随吕后下了山。

这天，秋高气爽，阳光明媚。吕后亲自约请刘邦到上林苑打猎。

吕后毕竟是当今皇后，又是自己的第一夫人，相约打猎，也是为了帮助他放松心情，享受生活，刘邦不便不给面子。更何况近阶段为废太子之事已绞尽脑汁，仍下不了决心的刘邦也想借机摸一摸吕氏集团的底牌。便如约而至。

到了上林苑，刘邦才发现太子刘盈和朝中许多忠臣已恭候多时。更让刘邦疑惑的是，和太子同时下车的还有四个老头，这四个人个个身材魁伟，虽白发白须，却精神矍铄，气宇轩昂，从里至外都彰显出非同常人般的仙风道骨。

刘邦问："太子身边怎么多了四个老头?"

内侍低声答曰："那是皇后为太子专请的老师，人称'商山四皓'。"

一句话说得刘邦兴致索然，匆匆催马在上林苑转了一圈，一箭没放，任何猎物没打，便返回皇宫了。

回宫后急忙召来戚夫人，详细向她讲了今天上林苑打猎的情况。然后说："你可能不了解'商山四皓'，这四人个个是水中蛟龙，天下奇才，能得其中一人相助，便可得天下，定乾坤。如今，这四人同时围在太子身边，帮太子出谋划策，吕后这棵大树，咱们是撼不动了。"言毕，用无奈无助的目光盯着戚夫人。

戚氏未听刘邦说完，已如五雷击顶，眼泪像决堤的河水，从两个秀美的眼眶中喷涌而出。

刘邦为了打破僵局，吐出胸中闷气，便对戚氏说："罢了，罢了！还是暂不管它，你为我跳一曲楚舞吧。"

戚氏狠狠地将双袖甩向刘邦，右脚后移，左腿微抬，就地轻转，慢慢舞了起来，但见两只彩袖飞旋，娇躯翩转，腰肢袅娜，越转越快，两条长袖渐渐舞成一个彩色的圆环，在刘邦耳边呼呼生风。边舞边用凄哀哀的目光看着刘邦，两眼中喷出的泪花飞旋，不停地击打在刘邦的脸上，似是在向刘邦诉说："陛下呀，陛下！你可害苦妾身了，我将此生托付于你，想方设法陪您快活，逗您高兴，盼的就是你能与妾身做主，给我们母子一个出头之日。没想到，天天盼，夜夜想，望穿秋水，愁瘦容颜，到头来竟听到你如此的无奈之声，让我母子心凉透，血气伤，哭断肠。你百年之后，撇下俺孤儿寡母，心身俱伤。"

看着洒泪狂舞的爱妃，刘邦从未感受到如此的无助，如此的凄凉，他慢慢站起身子，连喝了几杯酒，用从未有过的苍老之音，吐出了心中的郁闷：

鸿鹄高飞，一举千里；
羽翼已就，横绝四海。
横绝四海，当可奈何，
虽有缯缴，尚安所施？

天鹅呀，天鹅！你一飞千里，已经羽毛丰满，可以想飞就飞，想飞哪里就飞到哪里。飞吧，尽情地飞吧！谁也奈何不了你啦。我老刘虽贵为天子，有弓有缴，如今实在用不上了。戚氏，可怜的爱妾，不是我不管你，也不是我不想助你，实在是对方太强大了，他们在朝中手握兵权，党羽遍布，如今又得到这四个老头的帮助，咱们已扳不倒他们啦。完了，完了，一切都完了。

刘邦歌罢，一头栽倒在龙椅上。

已舞累了的戚氏，一头扑向刘邦，将无尽的泪水抛洒在刘邦的身上。

第五十五章　歃血盟誓定大计　病榻荐相藏玄机

这天早朝，不等文武百官上奏，汉帝刘邦首先说："各位爱卿多为跟随我刘邦多年，数度出生入死的功臣，深知我大汉来之不易。接连发生的韩信、彭越、英布等异姓王叛乱，使我想清了一个道理，朝廷分封异姓王，是动乱之源，其患无穷。为防止此类事情发生，我想从此定两条规矩，一是非刘氏不得封王，二是非有功不得封侯，谁违反此规矩，天下人共诛之。众爱卿意下如何？"

言毕，刘邦从龙椅上站起，走到龙案前，目视群臣。

文官武将听刘邦如此说，已知汉帝是担心其百年之后吕氏结党篡权，多数人心中大喜，少数吕氏大臣，心中虽不满，但面对威严的刘邦，怎敢吐半个不字？于是，满朝文武全部跪伏在地，高喊："陛下英明！"

刘邦再问："众爱卿都同意我的这一决定？"

众大臣异口同声："同意！"

刘邦："有人反对吗？"

众大臣："没有！"

刘邦："众爱卿愿同我歃血盟誓吗？"

众大臣："愿意。"

"好！"刘邦坐回龙椅，"众爱卿平身，歃血盟誓！"

刘邦话音刚落，两名内侍已将一匹白马拉到朝堂之上，一内侍用力一刀，鲜红的马血从白马体内喷出，又走来一内侍手持一皇室玉器将马血接住，另有几名内侍分发给每名大臣一个精致的玉碗。

待血尽马倒之时，内侍们将马血分倒入刘邦和众大臣手持的玉碗中。

刘邦手持玉碗，再次站起，将盛血的玉碗举过头顶。

众大臣也学着刘邦的做法，同时将玉碗举过头顶。

刘邦说："众爱卿将我刚才说的话同声复述一遍。"

众大臣："非刘氏不得封王，非有功不得封侯，违反此规矩，天下人共诛之。"

"好！"刘邦将玉碗中马血一饮而尽。

众大臣同时将马血一饮而尽。

退朝后，刘邦渐感到身体不适，不久便深卧龙床，不能上朝理政。

吕后命人请了一名良医，为刘邦诊脉后很委婉地说："陛下的病势虽重，但还是可以治好的。"

病中的刘邦凭自己的直觉和医生诊病时的表情已清楚，自己就要走向另一个世界了。便非常淡定地说："我以布衣之身，仗三尺宝剑荡平群雄，夺得大汉天下，苍天佑我，朋友助我，我已知足了。人生自古谁无死，老天爷要我西去，再好的医生也留不住我，你不要再费周折了。"说毕，命人赏给医生50两黄金，让其离去，从此，静候归期。

吕后见刘邦病情危重，便问："陛下百年以后，萧何身后谁可为相？"

刘邦："曹参可任。"

吕后："曹参以后呢？"

刘邦："王陵可以，陈平助之。周勃是开国重臣，稳重厚道，可让他做太尉，以安大汉天下。"

吕后："周勃之后谁可继之？"

刘邦："以后的事情，你我就不知道了。"

吕后走后，刘邦命人传来周勃。

周勃走到刘邦病榻前，刘邦让周勃"俯耳听旨"。

周勃将头伸向刘邦。

刘邦用只有他二人才能听到的低音对周勃说："今后安刘氏天下，就靠将军了。我这里有一锦盒，你遇到困难时再打开。"说着，将托在手中的精致锦盒，交给了周勃。

周勃接过锦盒，如同大汉的江山已压在自己肩上。忙跪下向刘邦行了叩头大礼，然后含泪同刘邦诀别。

周勃正待跨出宫门，忽听天上炸雷连声，狂风大作，倾盆大雨从天而降。

周勃顾不得君臣礼节，急转身再次跑向刘邦病榻前，见刘邦已安然而去。

所有长安城的人都同时看到，一条红色的巨龙从皇宫腾空而起，在长安城上空转了一圈后，迎着暴风骤雨，呼啸西去。

长安城内上至皇室王爷，下至普通百姓，全部跑出家门，跪伏在倾盆的大雨之中，目送赤龙西去，直至望不到赤龙的身影。

第五十六章　明杀暗送保樊哙　临终巧计佑重臣

汉高祖病重期间，燕王卢绾叛变。大臣们欲报与刘邦，怎奈刘邦已诏令守宫侍卫："只静心养病，不理朝政。"周勃、灌婴等将军去宫中求见刘邦，均被守宫侍卫挡在宫外。众大臣忧心如焚。

樊哙听到消息后，只身一人去见刘邦，守宫侍卫说："陛下有旨，任何人不见。"樊哙双眉倒竖，瞪圆两眼怒吼道："老子是陛下的弟弟，不是任何人！"一边吼叫一边强行往里闯。众侍卫上前阻拦，被樊哙三两下推得一个个人仰马翻。

冲进室内，见刘邦正头枕宫女躺在龙床上，樊哙便不顾一切地吼道："大哥，当年你芒砀山前斩蛇，沛县城里起兵，逼项羽自刎于乌江，剿韩信，平彭越，何其壮哉！何其痛快！何等威风！如今这一点小病，就把你的凌云壮志夺走了？朝政不理了？咱大汉江山不要了？果真如此，我樊哙也回家找个漂亮小妞抱着玩去！"

说得刘邦哈哈笑着，从龙床上站了起来。笑说："樊大将军一定有重要军情禀报。"

樊哙也缓了缓语气："没有重要军情，在家看蚂蚁上树，也不敢闯你这三尺圣地，差一点被禁军给剁了。"

刘邦继续以逗趣的语气说："哪一个吃了熊心豹子胆，敢拦咱樊大将军?!"

樊哙："那些陈芝麻烂谷子的小事都不说了，燕王卢绾反了。"

"什么？"刘邦瞪大了双眼，"他卢绾会反？"

“卢绾确实反了。”樊哙一脸无奈。

原来，这卢绾与汉高祖刘邦同村，同年同月同日生，又是同学。两人自幼交好，刘邦任泗水亭长时，卢绾便紧随其身边。刘邦举旗反秦后，卢绾一直追随其左右，是刘邦交往时间最长、最亲近的人。刘邦建立汉朝后，先封卢绾为长安侯，后封为燕王。韩信、彭越、英布等被剿灭后，卢绾是西汉极少的异姓王之一。

刘邦很难相信卢绾会背叛自己，背叛汉朝，便传来周勃、灌婴、陈平等文官武将询问情况。

原来，卢绾在参与围杀叛王陈豨时，有人从中挑唆，说汉高祖刘邦将一个个异姓诸侯王都杀了，为的就是实现刘家的一统天下。陈豨剿灭后，下一个剿杀的目标便是他卢绾。再加上此时匈奴王多次以金钱美女引诱，卢绾就动了反心，投向了匈奴。

问清情况后，刘邦十分苦恼，他怎么也想不到从小和自己一起长大的最好朋友，会在这个时候背叛自己。

他思来想去，最后决定，让樊哙领兵60万去剿灭燕王。并再三叮嘱樊哙：“对卢绾只可生俘，不要斩杀，我要你带着卢绾前来见我。”

樊哙领大军北征后，朝内许多文臣武将不时向刘邦吹风：“樊哙是吕后的妹夫，吕后窥视皇权已久，如让樊哙掌握了军队，后果很难预料。”

对吕后的权欲，刘邦早有觉察，并采取了一些防范措施。如今听到了大臣们的议论，也感觉如今让樊哙领兵，自己百年之后，很可能是一大隐患。权衡再三，刘邦便召来了周勃和陈平。

刘邦问周勃：“此时让樊哙任平叛之帅，你以为如何？”

周勃斩钉截铁地说：“后果很难预料。”

刘邦再问陈平，陈平说：“真有隐忧。”

刘邦说：“既然二位如此认识，我现在就令陈平持诏前往樊哙军营。大将军可隐于陈平车上，一同前往。将樊哙就地斩杀于军前，大将军接帅印平叛。”

周勃、陈平领旨出宫时，刘邦又叫住周勃，交给其一份密诏，并交代：“此诏在斩杀樊哙前再打开，只许陈平、樊哙你三人知道，不得告诉任何人。”

周勃、陈平见了樊哙，随去的宫中内侍立即持诏将樊哙绑了。

樊哙大惊，问周勃："大将军为何害我？"

周勃："这是陛下旨意，委屈将军了，你家人及身后之事，我周勃一定视为自己的事情，你放心去吧！"

陈平也非常惋惜地说："陛下为大汉千年江山着想，请将军理解。"

樊哙见事已至此，料难挽回，便非常平静地说："我随大哥南北转战，久经枪林刀雨，早把生死置之度外。如今大哥要我死，一定有他的道理，为了大哥，为了汉室江山，我虽死无憾。但不知大哥对我可有嘱托？"

听樊哙如此说，周勃便打开随身携带的刘邦密旨，展开看时，一脸愁眉顿开，忙传于陈平、樊哙同看。

密旨上写的是："护送樊哙将军返京。"

刘邦要周勃、陈平"将樊哙就地斩杀于军前"的旨令，被吕后安插在刘邦身边的耳目听到，连夜报于吕后。

吕后虽恨之入骨，但碍于刘邦尚健在，担心出手不当，被刘邦抓住把柄，全盘皆输，只好强忍怒恨，隐而不发。

周勃、陈平离京不久，刘邦便驾鹤西去了。

吕家马上有人建议对刘邦死讯隐而不发，假传圣旨，将刘姓诸侯王和那些不听吕后招呼的大臣召进皇宫，一网打尽，以绝后患。

吕后虽有此意，但鉴于朝中刘姓诸侯王和倾向刘氏的大臣众多，周勃、灌婴等均手握重兵。稍有不慎，必定铸成大祸。但不杀周勃、陈平，又难解他们杀樊哙、夺兵权的大恨。

在吕后犹豫难决时，忽接到"樊哙将军和陈平进京"的消息。

吕后非常诧异，马上召见陈平、樊哙。

见了二人，吕后劈头便问陈平："圣上命你们就地杀了樊将军，你怎么将他带进京来？"

陈平说："圣上不想杀樊将军，我两人也不敢擅杀樊将军。"

吕后："你这话是什么意思？"

陈平："我们离开圣上时，都看到圣上向我们抬手示意，是要我们手下留情，刀下留人。樊将军既是我朝重臣，又是皇亲国戚，圣上身在病中，我二人在未得到皇后旨令之前，怎敢擅做主张？"

见周勃、陈平并未斩杀樊哙，吕后心头大恨已消。现听陈平如此说，认为周勃、陈平很看重自己的意见，便对二人平添了几分好感。于是，便满脸带笑地说："还是曲逆侯（陈平的官称）深谋远虑，不愧咱大汉的股肱重臣，今后咱大汉的江山，还要仰仗于您。"

刘邦的密旨，既救了樊哙，又救了周勃和陈平，平息了吕后的怒气，使吕后对周勃、陈平等重臣增加了好感，暂时取消了滥杀重臣的念头。保住了周勃、陈平等汉朝重臣的朝中地位，为吕后死后周勃、陈平等联手诛灭吕氏乱党，恢复刘氏江山保存了有生力量。

第五十七章　扶亲除异吕后专权　母子蒙难戚氏奇辱

刘邦归天后，太子刘盈即位，称汉惠帝，吕雉升为皇太后。

由于刘盈生性仁慈，对吕后又敬又惧，凡事皆听太后的安排，渐渐地朝中大小事务皆由吕太后定夺，刘盈仅是个皇帝的名分，成为吕太后手中的工具。

吕雉为了强化自己的统治地位，在遵照刘邦生前的安排，任命曹参为相，实行“萧规曹随”，无为而治策略，巩固西汉政权的同时，首先打击诸侯王和政治上的反对派，设计杀掉了赵王刘友、梁王刘恢等一批极力抵制吕氏政权的王侯、功臣。然后追封其已故的父亲吕文为吕宣王，追封其已故的大哥吕侯为悼武王，追封已故的二哥吕释为赵昭王，破了刘邦生前“非刘姓不可封王”的规矩。见朝中大臣并无大的动静，便放开手脚，大封吕氏家人。先后封吕台为吕王，吕产为梁王，吕禄为赵王，吕通为燕王，封其外孙（鲁元公主之女）张偃为鲁王，吕种为沛侯，吕平为扶柳侯，吕他为俞侯，吕更始为赘其侯，吕忿为吕城侯等。

戚夫人先与其争宠夺爱，后又极力鼓动刘邦更换太子，早已成为吕后的眼中钉。刘邦后事办理刚结束，吕雉便命人将戚夫人监禁在后宫的一处废弃房屋中，穿上囚服，剃光头发，换上民服，每天舂米干活。

戚夫人早料到刘邦百年之后，吕雉不会同自己善罢甘休，但她怎么也没想到，厄运会来得如此快、如此惨，让她一夜之间从天堂跌落进地狱。

她在别人的逼迫下，每天天不亮就起床，起床后就舂米，早、中、晚只给她一碗馊米粥，晚上一直干到夜深人静时才让她上床休息。数天过去，她饿得头发晕，累得浑身疼痛，连吃馊米粥又使她一天数次闹肚子，多少次眼冒金星，一头栽倒，昏迷过去。看管她的人便用凉水将其激醒，强迫她继续舂米。

强忍疼痛舂米，使她不由想起了同刘邦的初次接触，想到刘邦在世时对她的百般宠爱，想到当年穿不完的绫锦绸缎，吃不尽的山珍海味，享不尽的荣华富贵，忍不住悲从心来，边干活边流泪，一滴滴苦涩的泪珠，打湿了她脚下的土地。她更思念自己的儿子刘如意，这孩子生来就乖巧、听话、聪明，从长相到神态都酷似刘邦，因而深得刘邦的偏爱，这也是刘邦晚年坚持更换太子的主要原因。如今，儿远在千里之外的赵地，可知道娘已成为别人的阶下囚，正遭受着非人的折磨？娘每天一闭眼就梦见儿，儿梦里见到娘了吗？

想着，想着，戚夫人似自言自语，又如低声泣诉般吟唱起来：

子为王，

母为虏，

终日舂薄暮，

常与死为伍！

相离三千里，

当谁使告汝？

这声音渐渐变大，一些宫女听到后，忍不住暗自落泪。

吕太后听到亲信的密告，马上想起，亏得这女人吟唱，我险些忘了她儿刘如意现为赵王，如日后得知我害了他的亲生母亲，一定要为母亲报仇。斩草必须除根，不可留下隐患。想到这里，吕后立即以皇帝的名义，宣刘如意进京。

使臣到了赵国，赵丞相周昌告诉使臣："赵王最近感了风寒，请转奏皇上，暂不能回京。"吕后见周昌敢违皇命，便命人带着吕后的手令催赵王限期到京。

周昌见吕后如此心急，已断定她意在加害赵王，便向使臣展示了刘邦生前手谕。

原来，刘邦病危时已预料到吕后在其百年后可能会加害赵王，便派建平侯周昌为护孤大臣，负责赵王的安危，并交给周昌一份亲笔手谕："赵王的所有起居行动全由周昌负责，任何人不得强行干涉。"

吕后听了使臣的报告，才知道生前就一直百般呵护戚氏母子的刘邦，临死时还惦记着赵王的安危。对戚氏母子更加恨之入骨。

又过了一段时间，吕后以召侯爷进京议事的名义，首先传周昌进京。周昌虽明知是吕后的诡计，此去凶多吉少，但自己身为侯爷，哪敢违抗皇命，只得奉旨进京。

周昌前脚离开赵国，吕后安排的另一批使臣后脚便强带赵王进京。

汉惠帝刘盈小时就喜欢同父异母的弟弟刘如意，刘邦逝世前又再三叮嘱刘盈要保护如意的安全。如今听说母后三番五次背着自己召如意进京，已预感到吕后心怀杀意。得知赵王进京的日期后，刘盈亲自出城，迎接刘如意。见到刘如意后，手拉着手将其拽到自己乘坐的皇驾上，共同进入皇宫。同如意形影不离，吃饭睡觉两人都在一起。如意几次提出要去拜见母后，都被刘盈以种种理由遮掩过去了。

这天，刘盈早起到上林苑打猎，而年少的如意还在睡梦中，刘盈不忍打搅弟弟，便命宫人“好生侍候”，自己独自打猎去了。

打猎回来，刘盈顾不得洗漱便去喊弟弟，一进屋却发现刘如意已七窍出血，暴死在自己的龙床上。

刘盈五脏俱焚，正号啕大哭，吕太后却笑盈盈走来，拉着刘盈的手：“皇儿不要再哭了，母后带你去看一件新奇的玩意。”说着，不由分说拉着刘盈走到皇宫的一角，站在一猪圈外面。

刘盈向猪圈内一看，除了几头脏兮兮的猪外，角落里还躺着一具似人非人，血肉模糊的肉疙瘩，在肉疙瘩上方，分明是一具尚在喘息呻吟着的人头。

刘盈见状，顿时毛骨悚然，起了一身鸡皮疙瘩，急问左右：“那是什么?”

一内侍答：“太后叫她‘人彘’。”

刘盈：“何为人彘?”

众内侍面面相觑，无人敢答，几名宫女则眼含泪花，低着头不敢旁视。

此时，吕后则满面春风般地问刘盈：“还记得你那个能歌善舞，能弹会唱，备受你父皇宠爱的戚娘娘吗?”

原来，吕太后在派人毒死刘如意的同时，又命人将戚夫人砍去双臂、双腿，用毒药熏聋耳朵，灌哑喉咙，扔进猪圈里。

吕后似余兴未尽，面对刘盈继续说："她不是很得宠吗？她不是想当皇太后吗？我让她连好梦也做不成……"吕太后还要再说下去，一旁的刘盈却两眼发黑，险些栽倒地上。

吕太后见状，命几个宫女将其扶回宫中。

刘盈从此一蹶不起，不理朝政，天天借酒消愁，常常喃喃自语："太残忍了！哪里是人做的事。""太残忍了，哪里是人做的事。"

时隔不久，年仅23岁的汉惠帝刘盈便过早驾崩了。

第五十八章　开锦盒周勃除奸　继大统刘恒登基

汉惠帝死后，吕太后将一名后宫美人生的假太子立为少帝，自己临朝称制，全面行使皇帝的权力。在位期间，先后将汉高祖刘邦的八个儿子中的三个，刘友、刘恢等杀害。并将丞相陈平、太尉周勃等架空，任用吕产为相，掌管南军（宫廷卫戍部队），吕禄为大将军，掌管北军（京城卫戍部队），使刘邦浴血创建的刘氏大汉王朝，几乎换成了吕氏王朝。少帝渐大后，因知道了自己的身世，又被吕后暗杀，另立一个小孩子刘弘为少帝。

吕氏家族在朝中的暴行，引起了朝堂上下的强烈不满，反吕、灭吕之声，如架起的干柴，稍有一点火种，便会熊熊燃烧起来。

在这种非常严峻的形势下，吕太后病死在未央宫。因担心风云突变，吕产、吕禄等吕氏重臣，连吕后的葬礼都没敢参加，而是提调重兵，日夜巡守。

经过一番密谋，吕氏家族商定：先下手为强，利用召王侯进京议事的机会，将吕氏异己一网打尽。

眼看一场血腥的屠杀就要上演，刘氏王朝就要更姓易名。太尉周勃和丞相陈平同时得到密报。他们找来朱虚侯刘章共同商议，但由于军政大权，京师和宫廷卫队全部掌握在吕氏家族成员手中，三个人商议来，商议去，始终没想出很好的办法。

在三人唉声叹气、一筹莫展之际，周勃猛然想起，高祖病逝前曾亲手交给自己一个锦盒，并嘱："遇到困难时再打开。"如今形势危急，三个人急忙打开锦盒，发现锦盒里是一份由刘邦亲手书写的圣旨："一切按周勃指令办。刘邦。"三人看罢，如久困大海之中望见了船帆。三人便商定，由刘章持刘邦的遗旨去找其哥哥齐王刘襄，联合刘姓诸侯王共同发兵讨贼，周勃、陈平在京师想办法控制南、北两军，然后里应外合，铲除吕奸。

齐王刘襄早已对吕氏一门心怀不满，如今见了高祖的亲笔遗旨，又听了弟弟刘章的介绍，一面派人联系各刘氏诸侯王，一面打出"奉旨讨贼"的大旗发兵进京。

消息传到长安，吕氏家族已知消息败露，个个心惊胆战，仓促间急派大将军灌婴率军出城迎战。

灌婴出城后，见了刘邦的遗旨和刘襄大军合为一处，反过来进攻京城。

吕氏家族成员虽官居高位，但多凭吕后的关系平步青云，没有率军作战和临危决断的经验，现在刘襄大军压境，其他刘姓诸侯王纷纷跟进，灌婴又临战反水，一个个心惊肉跳，没有主张，内部互相埋怨，互相猜疑起来，各人暗中拨打自保的小算盘。

周勃、陈平认为有机可乘，便找了一个同吕禄关系较好的大臣，让他去说服吕禄先交出兵权。

吕禄正如热锅上的蚂蚁，坐立不安，见到故友，如看到救星一般，急问故友："可有妙计？"

大臣说："齐王发兵，诸侯响应，目的只有一个，维护高祖爷创下的大汉一统江山。如今，各路讨逆之师已兵临城下，城内周勃、樊哙、陈平等护国重臣德高望重，一呼百应，摆在足下面前的道路只有两条。"

吕禄忙说："请讲。"

大臣："一条是据城顽抗，很快便会城破人亡，全家诛灭。"

吕禄已吓得上下牙齿打架，忙问："另一条道呢？"

大臣："另一条道就是交出兵权，仍回赵国，安享赵王的荣华富贵。"

吕禄问："我若交出兵权，他们能放过我吗？"

大臣："你此时交出兵权，已为维护刘氏江山立下头功，可保你全家无事。"

吕禄便将北军的虎符交给了大臣。

周勃拿到虎符后径直进入北军大帐，北军众将多认识周勃，见周勃此时前来，已知军情有变，都围了上来，周勃大声对众将说：“我奉高祖遗旨和陛下手谕领兵讨贼，凡拥护刘氏王朝的请袒露左臂，拥护吕氏一门的就袒露右臂。”众将士闻言，全部将左臂露出。

周勃大喜，立即率北军进宫。

此时，吕产尚不知北军已被周勃控制，见北军进入宫廷，以为是吕禄派来共同护驾的，猝不及防之间，被北军将领当庭杀死。

宫廷卫队见太尉周勃亲率北军杀了吕产，纷纷表示听从周太尉调遣。

周勃便指挥南、北两军分头捕杀吕氏死党。提前交出兵权的吕禄，因没得到及时保护，也同时被南军将士乱棍打死。

吕氏乱党已除，周勃、陈平等大臣便派人迎接汉高祖刘邦的第四子，代王刘恒代替吕后所立少帝刘弘为帝。史称汉文帝。

刘恒为人宽容平和，谦厚仁慈，即位后励精图治，兴修水利，废除肉刑，减免租赋，减轻徭役，鼓励民众发展生产，使西汉很快进入“文景之治”的强盛时期。

第五十九章　汉高祖引荐发迹地　窦太后畅游芒砀山

汉文帝同窦皇后生有两子，长子刘启，次子刘武。窦皇后对刘武加倍疼爱。

汉文帝死后，长子刘启即位，称汉景帝，窦皇后升任皇太后。刘武则由代王改封淮阳王，后又改封为富庶之地的梁王。

景帝年间，发生了以刘濞为首的七王叛乱，多亏梁王刘武手握重兵组织了声势浩大的睢阳阻击战，挡住了叛军进攻长安的道路，后在景帝大军的配合下，平息了叛乱。

叛乱平息后，景帝亲召弟弟刘武进京，自己率领满朝文武迎至长安城外。见了刘武后将刘武拉进自己乘坐的驷马车。在京期间，二人出则同辇，坐则同席。

当时汉景帝尚未立太子，一次用膳时，景帝当着窦太后的面说："我千秋万岁之后，传位于梁王你。"刘武虽假意推辞，但他和窦太后内心都非常高兴。

后来，在朝中大臣的极力反对下，汉景帝没能将皇位传于弟弟刘武，而是立刘彻为太子。

刘武见接位无望，心灰意冷，郁郁寡欢，整天游山玩水，借酒消愁，邀一批文人雅士，吟诗作乐。

景帝觉得有愧于刘武，便对刘武多方关爱，将梁国的封地扩大至40余县，北至泰山，南临淮河，东至彭城，西达高阳。

刘启死后，刘彻即位，称汉武帝。他对刘武给予了更多的关爱，据富庶之地可以不进贡，朝堂议事可以不上朝。

尽管如此，仍难解刘武心中的郁闷。

一次，刘武出游，朦胧中看见东面的空中腾起一团彩云，彩云飘动，化成一条赤色的巨龙，赤龙临近时才看清是其爷爷——汉高祖刘邦。

刘邦抚摸着刘武的头说："孙儿，人间万事，不可强求，大有大的难处，小有小的自在。我有一座金山给你，你要为咱刘家江山万古千秋做点事情。"

说着，拉起刘武腾云东去，刘武被爷爷拽着手，只听到耳边呼呼风响，心里非常惬意。

不多时，来到一座山前，只见漫山遍野金光闪闪。山虽不高，却群峰叠翠，气象万千。

刘邦指着一山坡对刘武说："那里是爷爷当年斩蛇起义的地方。"

指着山前的一片平地："那里是爷爷训练义军的地方。"

指着一座山峰："看到了吗？那山峰下仍在升腾着紫气，那就是紫气岩，是爷爷当年隐身的地方。"

指着一处高高的石台："如今这里的人称那里为歌风台，是当年爷爷酒后吟唱大风歌的地方。"

指着一块巨石："看到没有，那块黄色的巨石，是当年爷爷喝醉了酒，在那里睡了一觉，被当地人看到了龙身，如今便称作卧龙岗。"

又指点着前面较高的山峰说："那下面是藏金洞，有用不完的金银珠宝；那下面是智慧谷，饮了那泉里的水便可以聪明过人；那上面是送子崖，无子女的人只要到那上面拜上一拜，回去便可以生子育女；那下面是夫子避雨洞，求学的人去那里拜拜孔圣人，便可以心想事成，名登皇榜。这四周还有许多好地方，你慢慢找吧，爷爷不再陪你了。"说罢，又化作一团彩云而去。

"爷爷！爷爷！"刘武大声呼喊着，随从人员急忙停车问安。

刘武睁开眼睛，才知道自己做了一场好梦。

车子再次启动，刘武的心思却很难从刚才的梦境中走出来，那山，那水，那石，那洞，爷爷的每一句话，都一直环绕在耳，挥之不去。

当耳边再次响起"你要为咱刘家江山万古千秋做点事情"的叮嘱时，刘武心里彻底明白了，这不是梦，是爷爷在天之灵对自己的嘱托。爷爷发迹于芒砀山，能成就大汉的一统天下，足以说明芒砀山这个地方是藏龙卧虎之地，是绝好的风水宝地。爷爷在这里斩蛇起义，能创下刘家万古千秋的江山，我刘武有幸主政此地，一定不负爷爷的重托，在这里干一番事情，让刘家的绝佳风水千年绵长。

想到这里，刘武一改郁郁寡欢的神态，感觉每个汗毛孔中都散发出喜悦与欢快。他命人立即返回宫中。

不久，刘武命人请来了全国最出名的风水大师、建筑设计大师、园林设计大师。

经过半年时间的测量、规划，一个规模庞大，气势恢宏，空前绝后的皇家园林设计方案送到了刘武面前。

刘武一看，这一设计方案西起杞县，东至芒砀，方圆300余里，集古代宫殿、游乐场、射猎场、园艺场为一体。园内琼楼玉宇遍布，亭馆台榭连绵；奇树、艳花、俏竹、异草相间，步步为景，景景入画。

大师们满怀希望，自以为梁王刘武看后，一定会大加赞赏。谁知刘武看着看着却皱起了眉头。

众大师正诚惶诚恐，不知如何是好，却听刘武说："我爷爷在芒砀山斩蛇起义，才有咱今天的大汉江山。这个设计要以芒砀山为重心，以宏大皇家风水为重点，以爷爷的创业经历为主线，要大，要好，要影响久远。"

众大师们理解了刘武的意图，便翻遍典籍，查遍皇家档案，了解刘邦的起义发迹史。多次到芒砀山察看地形、地势、观风水走向，九易其稿，再一次拿出一个修改方案。

这一方案，以睢阳为轴心，东西长360里，南北宽120里。为增加芒砀风水，新规划一条东西走向的河流，从芒砀群山西部绕山东去，和南面的睢水、汴水、浍河共同组成四水相环，芒砀山、柏山南北相峙，阳门洞开，紫气东来，福禄绵长的大风水之势。在芒砀群山上除红花翠草、亭台楼阁的设计，新规划了高祖斩蛇园、高祖庙、歌风台、紫气岩风景区、练兵场风景区、卧龙岗风景区等皇家人文景观；在柏山上新规划了藏宝洞、拜祖台、望汉阁等人文景观。在睢阳周围新规划了百灵山、落猿岩、栖龙岫、观景台、雁池、鹤洲、凫渚、白鸟湖、狮虎山等景观。

刘武看了修改后的方案非常满意，命人“速去办理”。

经过连续五年的日夜奋战，各项工程基本告竣。

芒砀山前那条新开挖的人工河，因在梁王倡导下完成，水托山势，提升了芒砀山的王气，便被叫作王引河。

300 里皇家园林以睢阳城为轴心，被命名为睢园。

这天，刘武专门从京城请来了年迈的窦太后，在刘武和众多王公大臣、宫人侍女的陪同下，登上了停靠在睢阳城北、汴水岸边的龙舟。

此时正值初春季节，龙舟在碧波荡漾、水清见底的汴水上缓缓东行，两岸紫陌欢歌，柳丝依依，树荫下依偎着一对对红男绿女，田陌里不时飘来农家春耕时的欢歌笑语。水中不时见一只只野鸭，或轻浮于水面，悠然自得，或猛潜入水底，激起层层细小的浪花，或突然振动双翅，飞向蓝蓝的高空。

走着，走着，突然听到一阵阵击水荡浪之声，窦太后举目望去，远远水岸边，有一处清泉从水底喷涌而出，喷吐出数尺高的水柱，落下时击打在奔流的水面上，发出清脆悦耳的响声，荡起一团团、一片片似雪似浪，如云似雾的水花。在阳光的照射下，水柱、水花均溢光流彩，五颜六色，光束四射，让人眼花缭乱，叹为观止。

见窦太后兴致很高，刘武便上前解释说：“这一景观当地叫响泉，一年四季如此，唯春、夏两季雨水充沛时水大浪高，最为壮观。”

刘武刚说到这里，忽见窦太后眼望远方“呵呵”地笑出声来。

刘武顺窦太后的眼光望去，原来是在离龙舟不远处的渔船上，一位身穿绿裤红肚兜的姑娘，因只顾向这边张望，没留意，踩在一条刚打上来的鱼身上，脚下一滑，“啪嗒”一声，仰栽在船板上。

那姑娘见龙舟上的人都向她那边张望，急忙爬起，一个鲤鱼跃龙门的秀姿，跳入清清的水中。好大一会，在窦太后紧瞪双眼、心里发急时，突然从渔船另一边的水里一跃而起，手里却攥着一条正在摆动的大鲤鱼。

窦太后长出了一口气，再次发出“呵呵”的笑声。

太阳已变成红红的圆球在西边急速下行时，龙舟就要靠岸了。

窦太后看到，两岸的绿柳下，拱形的石桥上，清清的水岸边，都站满了不同年龄的男女，他们一个个明显是着意换上了新衣，面带着微笑，频频向窦太后招手致意。

第二天，刘武陪着窦太后，乘着精心特制的竹轿游览芒砀山。

他们首先来到高祖斩蛇园前，在一片红色的野草丛中，一条白蛇被刘邦一刀斩断，蛇头腾在空中，似在呐喊："赤帝子，还命来!"提剑的刘邦正仰望蛇头"哈哈"大笑，似在说："荒郊野外，何需还命!"

窦太后微笑着说："这像做的，有几分像你爷爷。"又问："这山上的野草都是红色吗?"

刘武答："不是，这漫山遍野只有这片野草是红色的。当地人说，这是因为我爷爷当年斩蛇，蛇血染红了野草，从那以后，这片野草便一直是红色的。"

窦太后略有所悟地说："可惜你爷爷不在了，他若在，肯定会来看看孙子为他做的像，像不像。"说得众随从都笑了。

窦太后一行来到了高祖庙。

她们首先看到的是庙前高大的石牌坊。石牌坊从上到下，全部用青石砌成，整个牌坊为五间六柱十一楼，结构匀称和谐，造型古朴大方。柱石的上方刻有飞龙、麒麟，夹柱石的浮雕为紫气东来，石柱下为盘卧的白蛇。

刘武上前介绍说："这牌坊上面的每一块石头，都是精挑细选的泰山石。"

进门后第一座大殿为"汉宫堂"，中间摆放的是汉朝疆域图，四面墙壁上的浮雕，从刘邦斩蛇起义开始，一直到刘邦在未央宫升天。

第二进庙堂为"功勋堂"，分别塑着萧何、张良、樊哙、曹参、周勃、灌婴等汉朝开国重臣的巨幅像，并详记其功绩、功德。

第三进庙堂为"祖本堂"，正中间是汉高祖刘邦的高大塑像，两侧分别是汉惠帝、汉文帝、汉景帝的塑像，再两边都留有较大的空间，以待刘氏后来各皇帝使用。

窦太后忙命人摆上香烛、三牲等供品，跪在刘邦像前，虔诚地参拜毕，又分别拜了汉惠帝和汉文帝。在拜汉文帝时，窦太后忍不住浑身发颤，老泪纵横，连喊："你为什么要走那么早啊?"

刘武又陪着母亲登上芒砀山主峰，脚下紫气缥渺，远处绿野千里，群山起伏，竹木连翠，阵阵清风吹来，窦太后心旷神怡，拉着刘武的手说："儿啊，你为咱刘家办了一件大好事，你爷爷在天之灵保佑你，你父皇在天之灵祝福你，刘家的子子孙孙，都永远铭记你。娘百年之后，也希望你能在这里为娘选一处安身之所，娘九泉之下，也安心了。”

第六十章　单陵相望留遗憾　神秘芒砀添奇辉

送走了窦太后，刘武便将窦太后在山顶的嘱托告诉了他最宠爱的李王后。

李王后想了想说："看来，这芒砀山的确是风水宝地，咱们百年之后，不如也去那里，在地下陪着太后和爷爷。"

此前，刘武已有此意，如今听李王后如此说，便下定了在芒砀山营造陵寝的决心。

他派人请风水师先去看风水，风水大师问刘武："有什么要求？"

刘武说："太后和我二人的陵寝同时选，要视野开阔，坚固持久，有益子孙。"

李王后又说："我同梁王生要同室，死要同穴，在地下仍可以经常相见。"

按照梁王和李王后的要求，风水师选了两座山体，设计人员拿出了"凿山为廓，穿石为藏"，以石室为陵，仿皇宫布局设计的方案。经梁王同意后，便开始实施。

为防止走漏风声，施工前，按计划把石陵附近的乡民全部迁走，施工中派王室卫队日夜把守，施工人员全部从千里之外带来，分工负责，每个人只知道让干什么干什么，谁也不知道干的是什么工程，日后做什么用场。

由于工程浩大，要求高，施工技术水平落后，工程进展较慢。原计划梁王与李王后为一穴两室，但在施工期间，一次梁王外出打猎时，突染热病，一周后便先窦太后与李王后之前走了，只得提前将梁王葬入原计划的二人合陵之中。

并被谥为梁孝王。

葬了梁孝王后，为满足梁孝王生前和李王后的要求，设计施工人员又在梁王陵北山中另开一陵，作为王后陵，并计划在梁孝王陵与王后陵中间凿一地下长廊，将两陵连接一起，以满足李王后与梁孝王“生要同室，死要同穴”的愿望。

但是，没等到王后陵完工，梁孝王陵与王后陵之间的长廊尚未凿通，李王后又暴病身亡，由此留下了千年遗憾。

梁孝王刘武陵位于保安山东侧，坐西面东，朝向大海，山前地势平坦、开阔，是芒山最先看到日出的地方。陵顶距山顶 20 米，陵道口至西回廊壁全长 96.45 米，南北最宽处 32.4 米，最高处 3 米，总面积约 612 平方米，总容积约 1367 立方米。

梁孝王陵由陵道、甬道、主室、回廊、10 余间侧室、耳室、角室、车马室、储藏室、庖厨室、浴室和排水系统组成。

梁孝王王后陵位于保安山北山头，南距梁孝王陵约 200 米。全陵东西长 210.5 米，最宽处 72.6 米，陵内最高处 4.4 米，最大落差约 17 米。由 2 个陵道，3 个甬道和前庭、前室、后室、厨房、储藏间、冰室、卫生间等 34 个侧室，黄泉道和完整的排水系统组成。总面积 1600 平方米，总容积 6500 立方米。

王后陵工程浩大，气势恢宏，结构规整，布局合理，功能齐全。陵中不仅有宽大的会客厅，格局合理的车马房、门卫室，而且有造型别致的冰箱，石质坐便器和衣帽间。站在会客室的特定位置举目东望，可见陵外阳光射进来的“一线天”。陵室的东面有“前门”，西面有“侧道”，南面还有尚未完工，欲与梁孝王陵相通的“黄泉路”。设计之精巧，建筑艺术之高超，令人叹为观止。被后人公认为“天下石室第一陵”。

梁孝王和李王后死后，均用大量金银珠宝陪葬。其中，仅梁孝王陵中陪葬的金银珠宝就超过 40 余万斤。

令人疑惑的是，太后陵与梁孝王陵同时修建，却至今没被发现。是根本没动工，还是仍藏于山底，至今是个谜。

梁孝王陵开了先河，随后，梁孝王之子刘买等王公贵族便纷纷效仿，争相在芒砀群山中建陵墓、藏珠宝，使原本神秘的芒砀山更加神秘。原本巍峨的芒砀山披金溢彩，散发出无尽的光辉。后人曾作《梁园晨曦》诗一首：

日出林海披彩衣，
八方客来登云梯；
地下王陵藏豪气，
山前新村鸣玉笛。
西去车辇入旧画，
东来流水成新溪；
莺逐祥云欢歌唱，
满披花开更俏丽。

（梁孝王陵是芒砀山众多汉陵中发现最早的，早在东汉末年，曹操“引兵入砀，伐梁孝王冢，破棺收金宝数万斤”。新中国成立后，芒砀山汉文化旅游景区全面开发前，当地村民大量开山采石。1986 年 5 月，一村民在保安山东一独立山头上打凿炸石炮眼时，因打石铁钎向下滑落，发现了柿园汉陵。以后又陆续发现了梁孝王王后陵等。使一座座隐藏于山下 2000 多年的汉陵重见天日，为研究秦汉文化提供了有力佐证。）

第六十一章　饮腊酒平帝蒙难　立新朝蛇闹龙庭

西汉末年，王莽以汉室外戚王氏家族成员的身份，窃得大司马之职，总揽朝中军政大权。

汉哀帝死后，王莽强行将年仅 9 岁的刘衎立为汉平帝，自己全权代理朝政。

汉平帝即位的第三天，王莽唯恐平帝亲人参政，影响自己的权力，便将平帝的亲生母亲、舅舅等发配边疆，从此母子再没见面。

汉平帝多日不见母后，便问王莽：

“我母后去哪里了?”

王莽一脸阴沉地说：“去了她该去的地方。”

平帝问：“何时回来?”

王莽奸笑着说：“到她可以回来的时候。”

平帝满眼泪花，一脸可怜的哀求：“大司马能否让我和母亲再见上一面?”

王莽眼露凶光，恶狠狠地说：“等到下世吧。”

年仅 9 岁的孩子，突然失去了母亲，没有了亲人，没有同龄的伙伴相陪，一天到晚锁于深宫，无所事事，刘衎常常以泪洗面，眼望远方，渴望天上的飞鸟能捎来亲人的消息。

渐渐地，刘衎提前长大了，他从宫人的只言片语、游离的眼神之中了解到，让他母子分离，家庭破散，将他禁于深宫的人就是王莽。他同时也明白，凭他现在的力量绝对没法同大权在握的王莽抗衡。他只有顺从王莽，麻痹王莽，等待时机。

他开始假意装笑，他学会了一切听从王莽，奉承王莽。暗地里他学会了利用一切机会，接近大臣，向大臣们示好。

汉平帝的这一变化并没有逃过王莽的眼睛，他开始监视刘衎，隔离刘衎，也开始心惊肉跳，胆战心惊。因为他清楚地知道，一旦刘衎羽翼丰满，被第一个送上断头台的就是他王莽。

此时，刘衎已成为王莽的心腹大患。王莽自己的四个儿子，三个被他亲手害死了，另一个见三个哥哥的下场悲惨，自己吓死了。他绝不允许对他有威胁的挂名皇帝刘衎活在世上。

汉平帝五年（公元5年）腊月初六，是民间的腊日，王莽只带了两个膀大腰圆的内侍，提着一坛御封腊月酒，来到了刘衎的寝宫。进宫后便喝退了宫内的宫女、侍从。

汉平帝见来者不善，主动同王莽打招呼："大司马今天怎么有此闲情逸致?"

王莽毫无表情地说："今天是腊日，专门来给陛下送腊月酒。"

平帝已知酒中定有毒，便强打着精神满面含笑地说："大司马不是不知道，您还没教会我饮酒呢。"

王莽面部仍无半点表情："今天，我就教你如何饮酒。"说着，一个内侍便去开坛。刘衎急忙上前止住："今天朕心情不好，这酒还是改日再饮吧。"

王莽阴沉着脸，不容置疑地说："陛下心情不好，老臣心情很好，这酒今天一定要喝!"

平帝见王莽已露杀机，虽知今天凶多吉少，难逃厄运，仍抱着一线希望，双眼含泪，近似乞求地说："大司马，我一直视你为皇父，什么事都听你的，你就高抬贵手，放过我吧。"

王莽凶相毕露："我早已看出，如若今天我放过你，明天你肯定不会放过我。"

刘衎已顾不得体面，"扑通"跪下，双手拽着王莽，热泪奔涌地说："我向天发誓，到任何时候都听从大司马的，绝无二心，您发发慈悲，饶过我吧。"

王莽用力一甩，将刘衎摔倒在地，恶狠狠地说："我只知背我者必亡，挡我者必死，从来就不知有'慈悲'二字，你还是尽快上路吧!"说着向两个彪形大汉使了个眼色，二人一人去开酒坛，一人按住刘衎。

刘衎不知从哪里来的力量，腾地从地上跃起，拼命扑向王莽，竟从王莽肩上咬下一块肉来。王莽肩上顿时鲜血涌流，痛得王莽狂呼乱叫。

两个内侍强行将刘衎拽开，按在地上，将毒酒强行灌入口中。

可怜的刘衎，只蹬了两下腿，便七窍出血，含恨而去。年仅 14 岁。

王莽回到大司马府，立即命人杀死了和他同去加害刘衎的两个内侍。

公元 8 年，王莽取消西汉国号，正式登基称帝，改国号为“新朝”，改长安为常安，称“始建国元年”。此时，距刘邦在芒砀山斩蛇起义刚刚过去了 218 年。

王莽正式登基这天，满朝文武大臣齐呼“万岁！万岁！万万岁！”后，正欲向王莽跪拜，忽觉朝堂内光线暗淡，冷气飕飕，不知从何处同时钻出数百条红蛇，在朝堂上下乱窜，吓得文臣武将大呼小叫，秩序大乱，登基庆典不欢而散。

第六十二章　惧龙威王莽追刘秀　染赤眉高祖再斩蛇

王莽登基后，一改西汉多年奉行的民族和亲政策，将原本臣服于汉朝的匈奴、高句丽、西域诸国和西南夷等属国统治者，由原来的“王”降格为“侯”，并侮辱性地改“匈奴单于”为“降奴服于”，改“高句丽”为“下句丽”，引起边疆少数民族的不满，纷纷背弃新朝，骚乱边境。王莽便派出数十万大军四处镇压，加剧了民族矛盾，耗费了大量的人力物力，加重了老百姓的赋税、徭役负担，致使成千上万的百姓死于非命。再加上连遭水、旱、蝗、雹、瘟疫等自然灾害，使全国上下土地荒芜，民不聊生，饿殍横途，物价飞涨，市场米价由每石数十钱飞涨至每石数千钱。

天灾人祸面前，王莽无计可施，竟派人教流民“煮木为酪”“以土为食”。动员民众“祭天求雨”“拜神驱蝗”。

这年，长安连续一个多月淫雨不断，沟河四溢，民房倒塌，平地行舟。毫无办法的王莽竟异想天开地率文武百官在长安南郊举行声势浩大的“哭天大典”，他亲自登上高高的祭坛，跪求上天“雨过天晴，施恩于民，佑护新朝平安”。

就在王莽跪拜时，原本刚刚晴朗的天空，突又阴云密布，一声响亮的炸雷，将王莽震下祭坛，险些丧命。

回到寝宫后，他天天梦见数条赤龙向其发难，有时呈龙形向其张牙舞爪，有时呈人形向其挥剑。他断定是刘邦的后代子孙向其讨要皇位，便根据梦中的记忆，让人画像寻找。

找到南阳，官差发现一个叫刘秀的人，是汉高祖刘邦的九世孙。出生那年，产房内满屋生辉，其父种的水稻每茎竟生有九穗，亲人都说此子日后必成大事，便取名为秀。

王莽闻报，大惊失色，断定此人即为将来争夺皇权之人。立即派出重兵，活要拿人，死要见尸。

刘秀闻信，举家外逃。

刘秀一人独行，被王莽追兵发现，他急不择路，逃到一个小山包上，追兵将山包四面围定，正要搜山，大白天山四面突然起雾，雾大得伸手难见五指，刘秀乘机逃脱。后人便将那山叫作隐王山，后称王山。

刘秀只身再逃，又遇王莽追兵，逃至芒砀山西南，突遇一条河拦住逃路，刘秀已听到追兵的马蹄声，心想："此时能有一匹飞马跃过河去多好。"刚想到这里，身后真的飞过来一匹红马，刘秀忙上马，那马呼啸一声，竟踩着水面飞过河去。后来，人们便将那条河叫作驮皇河，时间久了又有人简称为驮河。现在被称为沱河。

王莽追兵紧追不放，刘秀继续南逃，跑着跑着，从另一个方向又出现一队追兵，此时刘秀身处旷野，前后无山，无村庄，无处躲藏，正在无望时，却发现前面有一条小河，河上有座小桥，刘秀只得丢弃坐骑，只身躲进小桥下。刘秀刚钻进桥洞，就见数十只蜘蛛同时从四面钻出，很快将两面洞口结成密密麻麻的蜘蛛网，将里面的刘秀遮挡住。两路追兵赶到，见桥下结满了蜘蛛网，网片并无破洞，料定刘秀不可能藏在桥下，便合力去追刘秀骑过的红马。刘秀因此逃过大劫。

后来，人们便将刘秀曾藏身的桥叫作避王桥，又叫避桥。多年后，旧桥年久失修，当地一名富人捐资修了一座新桥，人们便改称避桥为新桥。现在河南省永城市新桥乡便由此而得名。

刘秀躲过追兵后，为麻痹追兵，连夜顺着逃来的方向，再次潜回伏牛山，躲进深山丛林之中。并在此招兵买马，训练兵丁。隐藏在伏牛山的鲁山境内，便留下了招兵台，后改称昭平台。

又过了几年，刘秀探听到各地反莽义军群起，人数较多的南有绿林军，北有赤眉军。其中，赤眉军多为刘氏后代组成，因汉高祖刘邦是赤帝子，便打起高祖的旗号，所有将士人人将眉毛染成红色，以示人人都是赤帝子，发誓一定要手刃白蛇——王莽。

刘秀便主动联络赤眉军，共同抗击王莽。

公元23年，绿林、赤眉军攻入长安城，在一片混战中，人们忽见一道红光从天而降，听到人群中传出王莽“赤帝子还头来!”“赤帝子还头来!”的哀号声，两军循声看去，见王莽已倒在血泊之中，头颅却不知去向，只听到“哈哈哈哈”的一阵大笑，由近及远，由低而高，最后消失在半空中。

王莽军见王莽已死，纷纷缴械投降。

此时，听到赤眉、绿林军已攻占长安城消息的刘秀，正带领所部兵马行进在奔向长安城的途中。刘秀猛然看见一团彩云飘来，飘至自己上空时，彩云一颤，从上面落下一个黄布包裹，正落在刘秀骑行的马上，刘秀急忙抓住，打开一看，却是王莽鲜血淋淋的人头。

刘秀大喜，忙在马身上向天空拜了三拜，然后催马进入长安城。

长安民众听说义军已杀死王莽，便倾城而出，到处寻找王莽的尸体，最后将尸体剁成肉末，被长安民众分而食之。

当人们知道王莽的头颅在刘秀手里，刘秀就是汉高祖刘邦的九世孙，便公推刘秀为皇帝。

刘秀登基后，谥号汉光武皇帝，都洛阳，史称东汉。使汉高祖刘邦开创的大汉一统江山，再次得到延续。

王莽的头颅后来一直被历代皇室收藏，公元295年，洛阳城突遇大水，大水过后其头颅不知去向。

（公元57年，刘秀病逝，享年62岁。逝前立下遗诏：“我无益于百姓，后事务必俭省。2000石长吏都不要离开自己所在的城邑，不要派官员或通过驿传邮寄唁函吊唁。”

后人将刘秀葬于河南省洛阳市北20公里处的孟津县白鹤乡，称原陵。

原陵南倚芒山，北临黄河，近山傍水，蓊蔚肃穆。两侧石刻林立，碑碣参差。陵呈长方形，占地6.6万平方米。并在河北省石家庄市高邑县建有刘秀公园。）

第六十三章　汉高祖再现石碑上　芒砀山重建斩蛇园

当年，梁孝王刘武主持修建的汉高祖刘邦斩蛇园，由于风云变幻，多次战火，已很难找到其遗迹。

明隆庆五年（公元1571年），为纪念汉高祖在芒砀山斩蛇起义，当地民众自发捐款，在当年刘邦斩蛇处的红色野草丛中，重立起一通“汉高祖斩蛇之处”石碑。

历经400多年的风吹日晒，雨打霜冻，碑体渐渐出现多处断裂，碑文已残缺不全。

1982年，河南省商丘市行政公署和永城县人民政府拨专款重修斩蛇碑。

人们将原石碑移至永城县文物管理所保护。请芒山的一名教师凭记忆书写出原碑文，请当时永城县书法名家郑效志撰写碑文，芒山镇最出名的石刻艺人晏鸿钧老人雕刻，于当年8月重立在原址上。

当时这块石碑四面并无保护，上面也无遮挡，只是露天孤零零地立在那里。后来由于修路，铲掉了碑前红色的野草，使碑体暴露在十字路口的正中间。

一个月黑星稀的晚上，当地一名卡车司机开着卡车走到石碑前时，车突然熄火，他下车检修后上车重试，车前大灯一亮，他猛然发现从那块普通的石碑里走出一位英姿焕发的古代帝王。他头戴皇冠，身穿龙袍，腰束玉带，足蹬朝靴，左手轻捋长须，右手按着宝剑，眼望东南，目光如炬。似在高喊：“大汉子孙们，我刘邦又回来啦！”

“刘邦显灵啦!”“刘邦显灵啦!”那司机跳下卡车，不顾一切地跑向附近的村庄。

几位老者听了司机的诉说，带着手电筒，陪着司机来到他停车的地方。

大家打开手电筒，本想看看石碑有什么变化，哪知手电光照在碑体上，便同时看见刚才司机描述的景象。

几位老者来不及多想，同时跪下向石碑磕头，嘴里还念念有词：“高祖爷爷，您在那面缺少什么，就给俺们托个梦，咱现在吃穿不愁，一定不断您的香火。”

第二天，人们便在这通石碑前看到了已点燃的香火、供品。

“汉高祖显灵芒砀山”的消息不胫而走，很快传遍大江南北。

各地刘氏宗亲来了，他们一个个携儿带女，来到碑前，全家共同膜拜。

远近的富商官吏来了，他们人人以看碑为名，实则每个人胸中都揣着一篇小文章，当他们站在碑前，看见碑中的汉高祖后，一个个借着夜幕的遮掩，半眯上眼睛，在心里暗暗祷告：或请高祖保佑其官运亨通，或请高祖保佑其财源滚滚。

远在省府、京城的达官贵胄来了，他们不远百里、千里，风尘仆仆，直奔永城，不仅仅是为了一睹刘邦仙颜，多数人都怀揣一份心愿。

原中央军委副主席张震看过碑中刘邦后，欣然提笔写下四个大字：“天下奇观。”

北京电视台的记者们现场录制后，制作了一部电视专题片，通过北京电视台向全球播放，题目就是《古碑幻影》。

强大的电波将“汉高祖显灵”的消息传遍五湖四海。

细心人在观看石碑正面的同时，绕到石碑背面，试探性地打开灯光，结果又发现一个奇迹。

当夜晚用强光照射碑体时，婀娜多姿的吕后又缓缓从碑中走出，她身穿汉裙，头插金钗，左手举着花篮，右手揽着玉兔，翩翩而来，风情万种。

各种肤色，各种发型，各种口音的男人和女人，白种人和黑种人，漂洋过海，走进中国，进入永城，登上永城境内的芒砀山，许多人就是为了看一眼2000多年前帝王的雄姿，欣赏一下吕后的娇体艳容。

人越来越多，为了满足各种人的愿望，永城市芒山汉文化风景区管委会，筹款重建了斩蛇园。

进入斩蛇园，不仅可以一睹高祖和吕后跃然碑上的天下奇观，而且可以全面了解汉高祖刘邦斩蛇起义的经过。并且可以安坐在电化视频室里，现场感受当年汉刘邦挥剑斩蛇时的大气磅礴和惊心动魄。

后人有一首诗，专写《古碑奇观》：

石碑一通载春秋，
芒砀紫云冲斗牛。
三尺龙泉帝业兴，
百年汉室英名留。
威仪又驾灵光现，
群贤竞来圣地游。
海阔天长多妙处，
奇观千古独风流。

第六十四章　刘氏探说祖源地　高祖尊享四海香

公元2004年5月，来自中国香港、中国台湾、日本、泰国、缅甸、马来西亚、新加坡、美国、加拿大、秘鲁和中国各省市的1000多名海内外刘氏宗亲代表，齐聚河南省鲁山县，在这里召开了第四届世界刘氏宗亲大会，共同寻根拜祖。

如今，刘氏已发展为同姓人数较多的世界大姓之一。

经过认真的探索、论证，世界刘氏宗亲初步形成共识，认为刘氏的起源有三：

一是尧帝后裔。尧是远古部落陶唐氏的领袖，名放勋，贤达善良，聪慧开明，后成为部落联盟的首领，被尊为五帝之一。他在位时鼓励人们发展农业生产，兴修水利，组织专人测定日月的位置，制定了太阳历法，计算出一年为365天。对人类发展作出了杰出贡献。他生有9个儿子，老年时却没把帝位传于其子，而是让位于贤德多才的虞舜，开以德禅让之先河。舜接位后，将尧的长子源明分封于刘地（今河北省唐县），源明始姓刘，为刘氏先祖。

二是刘累后裔。很久以前，河南偃师县的陶唐氏生有一子，出生时百鸟鸣叫，满室奇香，生下来两手手掌中各有一特殊的花纹，看上去一边是“卯在田上”，即“留”；另一边是“系在田下”，即为“累”，其家人以为这是神的暗示，便给其取名叫“留累”。

留累自幼聪慧过人，因当时正值夏朝第14代君主孔甲在位，孔甲从黄河和汉水中得到四条龙，对其非常偏爱，让人到处去找擅长驯养龙的能人。留累便自告奋勇，接受了这项工作。一开始，留累将4条龙驯养得很好，深得孔甲的信任，便正式任命留累为王室驯龙官，并赐给“御龙氏”的姓氏，又把豕韦（今河南滑县西南韦乡）赐给留累作为封地。后来，4条龙死了一条，留累便将龙肉做成美餐敬献给孔甲，受到孔甲的重赏。数日后，孔甲让留累再做如前的美餐，留累怕事情败露，受到孔甲的惩罚，便举家逃到河南鲁山的深山中躲藏起来。后更名为刘累，并在鲁山世代定居，成为中原刘姓时间最早，人口最多的一个家族。至今在河南省偃师县南，尚有刘累城遗址，并有刘聚、刘亭、刘水、刘涧等地名。在河南鲁山县仍有“尧山”“尧祠”“大龙山”“豢龙城”等地名，在鲁山城南有刘累墓。

三是刘成公后裔。汉高祖刘邦的曾祖父刘清，战国时期为魏国大夫，尊称刘成公。后因受人迫害，从开封迁到丰县，在丰县西的金刘寨隐居。刘邦斩蛇起义，揭竿反秦，建立西汉政权后，分封了数十个刘姓诸侯国，国人多以刘姓；推行和亲政策，将皇室宗亲嫁与匈奴单于，按匈奴习俗，子可随母姓，单于的众多子孙皆从刘姓；刘邦为奖励群臣，常将有功的大臣（如娄敬等）赐予刘姓。从而使刘氏一脉得以较快的发展。至今，在江苏省丰县的金刘寨村刘成公刘清之墓仍在，当地人称“汉皇祖陵”或“汉皇林”。

宗亲大会期间，许多刘氏宗亲在研究中发现：汉高祖刘邦，生于江苏沛丰邑，兴在河南省永城市。正因为刘邦在永城市的芒砀山斩蛇起义，才一举成就了大汉的400多年江山，并由此成就了大汉民族和汉语、汉服、汉礼仪、汉文化。当他们听说在永城的芒砀山至今保留着高祖庙遗址、汉高祖斩蛇碑、卧龙岗、紫气岩、歌风台和众多汉梁王陵。特别是听说汉高祖刘邦经常在汉高祖斩蛇碑上显灵的消息时，祭拜祖先刘邦的愿望便油然而生。

第四届世界刘氏宗亲大会刚刚结束，数百名海内外刘氏子孙便急不可待地登上大巴车，浩浩荡荡地奔向永城市。

车队刚进入永城境内，原本晴朗的天空，突然大风呼啸，红云密布，坐在车上的刘氏宗亲，同时感受到一股暖流从脚下升起，慢慢涌散到全身，每个人都有一种既温暖、舒适又激动不已的别样感觉。大家既兴奋，又担心，不由自主地互相询问：“明天的祭拜汉高祖刘邦大典还能如期举行吗?”

第二天，当来自世界各地的刘氏宗亲从睡梦中醒来时，惊喜地发现：东方红日升起，大风已止。

他们人人怀着无限的憧憬，顾不得欣赏窗外永城美丽的绿水鲜花，在最短的时间内赶到他们向往已久的芒砀山。当他们看到刘邦斩蛇的巨幅雕塑时，许多人流下了激动的眼泪，纷纷跪在地上，深深地向刘邦像揖拜。

上午 9 时，世界刘氏宗亲祭拜汉高祖刘邦大典正式开始，当现场宣读完祭文，主持人宣布“祭拜汉高祖刘邦现在开始”时，全场 1000 多人同时施礼。在祭台的后面缓缓卷起一团旋风，这旋风一路北行，一直飞越到芒山主峰前的高祖庙遗址。当这旋风在银杏树前消失时，满树的银杏叶立即变得又绿又翠。一片银杏叶飘然而下，落进银杏树边千年的古井里，古井水立即沸腾起来，并从井里冒出团团乳白色的气团，缓缓地飘向高空。

第六十五章　心诚化解千年怨　傲立山顶展雄风

在祭拜活动结束，返回永城的车上，来自世界各地的刘氏宗亲一个个感慨万千：“过去听说汉高祖刘邦在芒砀山斩蛇起义，以为芒砀山在安徽或江苏，现在才知道在永城。更想不到永城会这么美丽。”

“人说山不在高，有仙则灵；水不在深，有龙则灵。芒砀山山峰不高，面积不大，但处处充满灵气，处处给人以神秘感。”

“过去我并不相信神灵，但今天祭拜汉高祖刘邦时的特殊感受，特别是祭拜中间后台卷起的那阵旋风，太让我感叹了。这是巧合呢？还是伟大的汉高祖真的在天有灵呢？”

“有许多东西，现在的科技水平都无法解释，有灵也好，没灵也罢，但作为在社会上生存的人，尊老爱幼，尊重先贤，都是非常必要的，也是有益社会，有益他人，有益自己的。”

“永城要加快发展，进一步做好汉文化这篇大文章很有必要。宣传、传承、弘扬汉文化的工作做好了，不仅可以吸引更多的世界刘氏宗亲进入永城，也可以吸引更多的汉族，更多的中国人，更多的各种肤色和民族的人，走进永城，研究刘邦，研究汉民族的发展。”

“永城既然是刘邦斩蛇起义，兴建汉朝的地方，也是咱刘氏宗亲兴家耀祖的地方，咱应该在这里为祖先，为后人做点什么。”

“可以集资重修高祖庙。”

“也可以考虑在芒砀山上为刘邦塑一个像，让咱们的先祖在兴起之地再次站立起来！”

“要塑就要塑得高大、威武，让途经此地的人，没看见芒砀山，先看到汉高祖刘邦；一看到刘邦，就马上想到他是刘氏的祖先，大汉的开拓者，汉民族的缔造者，从而产生对先祖刘邦的敬仰、敬重、敬畏与敬服。”

“这是咱世界刘氏宗亲的大事，说干就干，大家都可以参与。”

经过七嘴八舌的议论，大家形成了在芒砀山塑造刘邦巨幅塑像的共识。

午餐的时候，永城市政府的领导为来自世界各地的贵宾敬酒。刘氏宗亲们便将他们在车上议论的意见，如实告诉了他们，在场的领导都非常兴奋，当场表示，一定给予全力支持。

经过多方论证，反复比较，最后确定，刘邦塑像选型于刘邦高唱大风歌。他头戴皇冠，仰首挺胸，二目远视，美须飘逸，左手按剑，右手平伸，威武雄壮，英姿勃发。塑像高 29. 9 米，底座高 11 米，总高度 40. 9 米，象征刘邦创建了大汉 400 年江山。这是亚洲最大的历史人物雕像。外部用塑铜焊接，内部为钢架结构，建有四层旋转电梯。上部的两肩上各建一观光平台。游客从山下拾级而上，一路仰观高祖雄风，领悟其当年高唱大风歌风采。深思时光变幻，新的历史重任已落在现代人肩上。步入铜像内部，乘观光电梯，直达观光平台，尽览芒砀山风景。

公元 2006 年 8 月，“大汉雄风”——汉高祖刘邦巨幅铜像在芒砀山主峰顶端正式动工兴建。当奠基的爆竹炸响之际，一团紫云从紫气岩飘然升起，停在芒山主峰的上空。

工程进展顺利。

基础工程如期完成。

底座工程如期完成。

身体铜件安装工程进展顺利。

就要安装刘邦铜像的头部时，网上突然有人发了一个帖子：“河南省永城市耗资 3000 万元为封建帝王建铜像。”

一石激起千层浪，数天之内，这一消息被国内外数十家网站转载。河南永城一夜之间名扬四海。

各地媒体记者蜂拥而至，最多时永城的大小宾馆都住满了来自全国各地的新闻工作者。

铺天盖地的报道一时占据了各种报纸、广播、电视、网络、快报、简报等传媒的重要空间。质疑声、诘问声、斥责声如大海涨潮，排山倒海而至。“永城”“芒山”“刘邦铜像”成为各阶层茶余饭后谈论的主要话题。

许多人在询问：“永城在哪里？”

“永城为什么要建这么大的刘邦铜像？”

消息传到了河南省高层。

消息惊动了国家最高层。

“这里面有没有其他因素？会不会有人另有所图？”

“是支持？是否定？是听之任之？”

在高层犹豫难决的情况下，河南省派出高规格调查组进驻永城。

“大汉雄风”工程被迫叫停。

刘邦的头部铜件被扔在芒砀山主峰前，千年银杏树下，杂乱的地面上，任风吹雨打，日晒雪浸。

一个月过去了。

两个月过去了。

十个月过去了。

二十个月过去了……

山顶铜件内部因久被雨水侵蚀，生出了点点绿色的锈斑；施工时搭建的脚手架，部分已被风吹散、吹倒；是建，是拆，仍旧没有明确的说法。

善良的大汉子孙们坐不住了，他们纷纷在网上发帖：

“芒山大汉雄风停建实在令人揪心！”

“发展汉文化旅游何罪之有？”

“汉高祖刘邦仅仅是一代帝王吗？”

永城人坐不住了，他们纷纷向省市相关部门写信、打电话，一致要求恢复“大汉雄风”建设工程。

各地刘氏宗亲坐不住了，“为什么弃我们祖先的头颅长居地下而不顾呢？”

“不要财政投资，我们刘氏宗亲筹钱，也要安上汉高祖刘邦的头颅。”

世界刘氏宗亲总会将电话直接打到中共中央统战部、全国政协、国家工商联合总会："将汉高祖头像长期弃置于地，令世界刘氏宗亲寒心。"

一班刘氏宗亲私下议论："当年刘邦芒砀山斩蛇，答应'平地时再说'，到了汉平帝时，王莽将平帝刘衎毒杀，旧账已清了。后来，刘邦之灵又在长安砍了王莽的头，并在皇室武库中放置270多年，这次是不是王莽阴魂不散，乘机向刘邦讨要新账？又将汉高祖刘邦的头颅弃于地上20多个月？"

议论到这里，几个人便暗地里买了纸、炮、供品，千里赶到王莽陵，向死去的王莽祷告："冤家宜解不宜结，冤冤相报无终期，当年汉高祖在芒砀山上砍了你，你在长安城里毒杀了汉平帝；后来，高祖之灵在长安斩了你的头，如今你又将高祖的头颅拽在地上两年多了。你的仇已经报了，恨气就消了吧，看在我们全世界上亿刘氏宗亲的脸面上，你就放了手吧。从此咱刘王两家和谐相处，互不侵犯。"

说来也怪，刚才还一丝风没有，这几个人刚祷告结束，王莽陵前竟刮起一阵宜人的凉风，灵前的几棵小树犹如点头一般，摆了几摆。

几个人满怀希望地再次赶往永城。第五天，便听到了大汉雄风已恢复重建的消息。

为"大汉雄风"刘邦铜像安装头颅这天，参与施工的所有人员，都全神贯注地集中在运料、校正、安装上，直到头颅安装结束大家才从高高的施工脚手架上下来。到了地面时，有人无意间看了一下手表，已是下午19：30。这一看，大家全愣了，按照永城的气候，此时间段内，每到下午18：00太阳已落山了，而此时的太阳还停在西方的地平线上。一阵惊疑过后，所有施工人员不约而同地跪向高高的刘邦铜像，同时拜了三拜。

第六十六章　高朋聚会芒砀山　群贤评定汉兴地

时光飞驰到公元2007年，中国汉学界的众多研究专家，同时发现一个有趣的现象：汉高祖刘邦斩蛇起义的地方叫作芒砀山；刘邦率义军加入反秦队伍后，楚怀王册封刘邦的第一个官职是砀郡长；汉高祖亲率大军剿灭彭越叛乱后衣锦还乡，去的第一个地方是其出生地沛县，第二个地方便是芒砀山，并在芒砀山再唱大风歌，留下了千古文化遗址“歌风台”；刘邦称帝后同时给予两个地方特殊政策性照顾，免“赋税三年”，其中一个地方便是砀郡，且当时砀郡已封给丞相萧何，刘邦亲自从萧何那里要回来，作为自己的“汤沐邑”，而将萧何的食邑地改为南阳郡。

芒砀山，历史上的砀郡究竟在哪？许多专家经过反复研究，发现芒砀山、砀郡都不在现在的安徽省砀山县，而是河南省永城市。

接下来的研究还发现：首举反秦义旗的农民起义领袖陈胜死后刘邦将其埋葬的地方；刘邦建立汉朝政权后，令丞相萧何研拟我国第一部成文律典——汉律《九章》的地方；刘邦之孙——汉梁王刘武建最大皇家园林梁园，以及众多王侯死后集中建汉陵的地方，都在永城。

为什么刘邦对永城情有独钟？永城靠什么吸引了这么多人的偏爱？永城究竟是一座什么样的城市？

带着这些问题，中国社会科学院、北京师范大学、河南大学、山西博物院、中国秦汉史研究会、湖北省文联、河南省文联等单位的100多名汉文化研究界专家、学者，相约来到河南省永城市，于 2007 年 5 月 12 ~ 13 日，在永城市召开了“永城与汉文化”专题研讨会。

来到永城，专家们才发现，永城位于河南省最东部，地处豫、鲁、苏、皖四省结合部。北、东、南及西南部分别与安徽省砀山县、濉溪县、涡阳县、亳州市毗邻，西和西北部同河南省夏邑县相连。北依芒砀，南望江淮，境内历史上有濉水、汴水、苞水、涣水穿境东流，现有包河、浍河、沱河、王引河横贯东西。距江苏省徐州市、安徽省淮北市、宿州市、亳州市、河南省商丘市等中等城市均在一小时车程以内。全市南北长 72 公里，东西宽 62. 75 公里，地域总面积 1994. 49 平方公里。

永城市历史悠久，境内已发现多处龙山文化晚期遗址和少数仰韶文化的历史遗存。说明早在五六千年前，这里已有人类居住，繁衍生息。夏禹治水成功，天下分为九州，永城隶属豫州。商周时期，永城大部分属宋国，设酂邑、犬丘和芒邑。秦时，境内设酂、芒、砀三县，并置砀郡。西汉因刘邦在此斩蛇起义，是刘邦反秦的起义地，反秦初期的根据地，成就百年汉业的兴起地，受到汉高祖刘邦的特别关爱，封此地为刘邦的“汤沐邑”，以后西、东汉各代帝王均对永城另眼相待，留下了陈胜陵、汉高祖斩蛇处、紫气岩、歌风台等 20 余处汉代王陵，造律台、莲花湖、古临睢城遗址、砀郡遗址等众多汉文化历史遗址。隋大业元年（公元 610 年），割彭城、睢阳二郡之属地始设永城县。金兴定五年（公元 1221 年）升永城县为永州，属南京路，辖夏邑、砀山、酂县；元世祖元二年（公元 1265 年）复降永州为永城县，并将酂县并入其中，改属河南江北行营归德府；明初，永城属开封归德州；明嘉靖二十四年（公元 1545 年）属归德府。清朝沿袭旧建制。1945 年 2 月，为纪念因抗日殉国的新四军第四师师长彭雪枫，永城曾更名为雪枫县。1949 年 3 月，永城恢复原建制，隶属皖北行署宿县专区。1952 年改属河南省商丘专区；1996 年 10 月，经中华人民共和国国务院批准，永城撤县设市，原行政建制不变，仍由商丘地区行政公署代管，因原城区地下压煤，经国家计委批准，市区所在地迁往距原址约 8 公里处；2004 年，永城市被河南省人民政府确定为全省 5 个强县扩权县（市）之一，享有省辖市经济管理权限；2011 年 6 月 1 日，永城市被列为河南省人民政府直辖试点市。

永城市文化底蕴深厚，是中原文化旅游的胜地。主要旅游资源包括：汉文化旅游、红色旅游、历史文化遗存和地方自然景观四大板块。

汉文化旅游资源主要包括：汉高祖斩蛇处、紫气岩、歌风台、高祖庙遗址、萧何造律台；令人叹为观止的21座西汉梁国王室陵墓群和西汉敬丘城遗址、砀郡遗址等。

西汉陵寝的数量之多，规模之大，价值之高，分布之集中，为全国独有，世界罕见。

柿园汉墓中出土的“四神云气图”，被中外专家、学者盛赞为“敦煌前的敦煌”。这件稀世珍宝为该墓前厅顶部的壁画，南北长5.14米，东西宽3.27米，总面积16.8平方米，由青龙、白虎、朱雀、玄武四神及灵芝与云气花纹组成。巨龙飞腾南北，龙头伸向东南方向，巨牙睁目，长须飘摆，头顶长鹿角，张口卷舌，舌尖卷一玄武。龙羽翼丰满，藕色四足，其中前两足一足踏云，一足踏翼；后两足一足接朱雀，另一足长花朵；龙尾长出一枝长茎花。整个龙体弯曲有度，伸展自如，祥云下托，如腾云驾雾。朱雀位于龙身中段，口衔龙的鹿角，腔顶端长出两朵奇花，后尾托一块较长的祥云。白虎在龙身西侧，仰首张口，跃跃欲试，要吞灵芝草。两耳各长出一朵艳花，前后两足各有一足踏云，呈向前奔跑状。玄武头作鸭嘴形，长颈，长羽，身饰鳞纹，尾似鱼尾。整个图案流畅、生动、活泼，栩栩如生，寄托了陵墓主人“此番别人世，乘龙升九天”的愿望。气势恢宏，篇幅巨大，内容紧凑，一气呵成。一经出土，立即震动国内外考古、历史、美术和艺术界，各方学者皆一睹为快，拍案叫绝，被尊为“稀世国宝”。

僖山汉墓出土的金缕玉衣，长1.76米，用金丝将2008块精致玉片编缀而成。1988年参加了北京故宫全国出土文化精华展。1991年作为中新建交的先行使者赴新加坡展出，为中国赢得了荣誉。

梁孝王王后陵斩石为廓，穿石为藏，规模庞大，结构复杂，凿制精细，总面积达1600多平方米，总容积6500余立方米，被誉为“天下石室第一陵”。

汉高祖斩蛇处、紫气岩、歌风台、高祖庙遗址、21座汉室陵寝和西汉砀郡遗址等均在永城市芒砀山汉文化风景区。萧何造律台在永城市的酂城镇。西汉敬丘城遗址在永城市太丘镇。

红色旅游资源主要有：淮海战役陈官庄地区歼灭战纪念馆；抗大四分校旧

址；新四沟和新四沟碑记；新四军游击支队司令部旧址和淮海战役总前委及会议旧址等。

其中，淮海战役陈官庄地区歼灭战纪念馆在永城市陈官庄乡 311 国道北。当年，决定中国前途和命运，标志中国共产党执掌天下的国共大决战——淮海大战就以永城市的陈官庄地区为中心。这次战役生俘国民党徐州“剿总”副总司令杜聿明，击毙国民党第二兵团司令邱清泉，全歼敌 3 个兵团，26 个师，计 26 万余人。为纪念在淮海大战中为中国捐躯的我军将士，经中华人民共和国国务院批准，于 1974 年在陈官庄兴建了这座纪念馆，在高大的纪念碑上刻有周恩来总理亲笔题写的“淮海英雄永垂千古”八个大字。2014 年被评为国家 AAAA 级旅游景区。

抗大四分校旧址坐落在永城市李寨乡麻冢集。是 1938 年抗日名将彭雪枫将军创办的中国人民抗日军政大学第四分校，也是新四军创办最早、培养人数最多、历时最长的一所军政大学。

历史文化遗存主要有以王油坊黑堌堆为代表的龙山文化遗址；孔子周游列国途径永城时留下的避雨处和晒书台；中国第一位农民起义领袖陈胜陵；中国医圣华佗故里——永城市龙岗乡华佗村；三国大将张飞训练兵马的张飞寨等。

地方自然景观包括：国家级水利风景区——永城市日月湖风景区；宋崇法寺佛教文化风景区；芒砀山休闲度假风景区；白果寺；还金间；沱河风景区；永城中心广场风景区和雪枫河风景区等。

日月湖风景区位于永城市新城区、老城区和市产业集聚区之间，总面积 24 平方公里，其中自然水域 6 平方公里；绿地植被 6 平方公里；城市建设用地 6 平方公里；生态农业用地 6 平方公里。整个风景区突出“日耀鑫穗，月映乌金，日月合璧，绿满汉源，天上月宫，中原西湖”的特色，集生态湿地、文化研讨、运动健身、休闲度假、园林观赏、购物创业等多种功能于一体，水荡湖绿，人行堤岸，塔顶盘云，亭享情趣，桥览风月，山有林泉，岛栖鸟鸭，庙飘佛香，阁隐物华。走进日月湖可以畅享四季风情，遍观南北佳景，寄托千般情思，了却终生宏愿。

芒砀山休闲度假区，南临连霍高速，北靠郑徐高铁，西接济（宁）祁（门）高速，东傍碱河，中间有王引河自西向东穿过。这里春有花，夏有荫，秋有果，冬有青。高可登山望远，尽览中原美景；低可河中荡舟，尽享鱼水欢歌。北望鱼山，如一浴后淑女，自然平卧，头西脚东，秀鼻高耸，二目微闭，长发下垂，美乳微颤，秀面、美颈、挺胸、平腹、长腿，奇姿卓越、神韵悠然。仰视山顶，汉高祖刘邦屹立峰顶，举目远望，美须飘洒，气势磅礴，似可听到“大风起兮云飞扬”的吟唱声。高祖脚下有一棵千年树龄的银杏树，三国时期的张飞曾在这棵银杏树上拴马，至今树上还留有当年的绳痕。树下是一眼千年古井，此井内泉水可直通 3 公里之外的王引河，曾有人将一只野鸭放进井内，后见从王引河水面下钻出。此古井虽历经千年，至今水色清澈，水质甘甜。从银杏树下南行千米之外便是一处现代化地质公园，公园内除山水清秀外，最为难得的是完整地保留了多处风格独特的工业建筑，使人在山水之间，可尽情畅想古今时光变迁。芒砀山休闲度假区内分布着多处玫瑰园、月季园、石榴园、杏园、鲜桃园、柿园、葡萄园等，游人不仅可随处闻香赏花，还可以走进园中，品尝各种鲜果的美味。

沱河风景区位于永城市新城区的中心，清凌凌的沱河水一路欢歌，四季从新城区穿城而过，河面宽阔，水流平缓。水面青草依依，碎花点点，鱼来虾往，鸟鸭竞歌。水岸边常年聚拢着一个个垂钓高手，稳坐小凳，轻执钓竿，不时将一条条活蹦乱跳的小鱼从水底捞起，满脸喜悦地装进自带的鱼篓内。河滩内各种果树四季飘香，堤顶和堤脚外宽宽的地面上，建着生机盎然的绿化风景，绿荫下，花海中，常年可见到一对对情侣或并肩慢行，或嬉卧花丛，鸟的鸣唱，人的笑语欢歌声此起彼伏。特别是日月星稀的傍晚，两岸华灯闪烁，五彩喷溢，河道里鸟游鱼跃，树光映底，人们或漫步在小桥上，或依偎在树荫下，个个如痴似醉，飘然若仙。

通过考察，100 多位专家、学者一致认为：永城是一座内外慧秀，无限风光的美丽之城；一座显万千灵气，藏无限神秘的魅力之城；一座充满朝气，潜藏活力的希望之城。更是一座汉文化底蕴深厚，具有无限研究和开发潜力的文化之城。

在对永城的汉文化成果进行认真研究后，汉学专家们达成了共识：永城是汉高祖刘邦斩蛇起义的发迹地；下反秦决心，招募并培训反秦队伍，策划反秦大业的根据地；率反秦精英奔向反秦战场的出发地；又是大汉振兴之地，两汉文化集中之地。是名副其实的对汉朝的建立、兴盛与发展都作出了重大贡献的“汉兴圣地”。

中国秦汉史研究会会长周天游先生认为：“河南永城芒砀山地区是农民起义领袖陈胜的军事活动区域和卒葬之地；是汉高祖刘邦隐匿避秦，积蓄力量，组建队伍，策划反秦的早期根据地。基于永城在汉代历史上的特殊地位，将永城确定为‘汉兴之地’当无可争议。”

华中师范大学历史文化学院教授、博士生导师熊铁基说：“永城芒砀山区丰富的汉文化遗存，已构成重新评价汉代历史文化的宝贵资源。保护、开发、研究芒砀山汉文化资源，既是永城经济文化发展的需要，也是推进中国秦汉史研究和中国传统文化研究的现实要求。”

著名作家二月河说：“芒砀山是不能小觑的地方，开发的、尚未开发的20余座汉墓，都聚集小范围中，品相如此优良，知名度如此之高。还有刘邦兴汉的发祥地和陈胜墓诸多胜迹，汉代的人文典型密集到如此地步，是我见到空前的一处。世人了解汉民族，来中国而不至商丘，至商丘而不到芒砀山，对他来说会是一件很遗憾的事。”

第六十七章　圣灵东游访故地　群叟笑谈长寿乡

这天，久居仙界的汉高祖刘邦，猛然想起，已1000多年没游览当年发迹圣地芒砀山了。便自驾祥云，顺风东行，在看到高高的“大汉雄风”铜像时，化作一老者降落在芒砀山前。

行走不远，刘邦见一树荫下围坐着几位老人，便主动走上前去。

几位老人已看到刘邦，其中一位满头白发的老人主动热情地问：“仙翁从何而来?”

刘邦不解地问：“老人家怎知我从别处来?”

老人哈哈一笑：“你长得如此仙风圣骨，古朴飘逸，又穿着这身打扮，不来自灵隐寺，便来自武当山。”

刘邦这才注意，原来是自己一时疏忽，人虽已穿越到现在，衣服还是一身汉服。只好自我解嘲地说：“见笑，见笑，我平时穿着随意惯了，这次到芒砀山来，特意穿了这身汉服。”

另一位老者说：“你今天穿汉服就对了，咱这里是汉兴之地，是刘邦斩蛇起义的地方，穿汉服更令我们尊重。不穿汉服我们可能是老大，穿了汉服我们哥几个要尊称你为老大。”

听老者如此说，刘邦才注意打量几个老人，发现每个人都气色红润，精神矍铄。便试探性地说：“我哪里敢称老大，请问各位高寿?”

那位一直坐在石凳上一言未发的老人，此时站了起来：

“仙风圣骨九州游，

芒山脚下访群叟。

若问老夫年庚数，

耄耋之年刚开头。”

见刘邦一脸雾水，另一个老人便站出来解围：“没听懂吧，耄耋之年是 80 岁，刚开头，他今年 82 岁，是我们哥几个中最小的。人家是诗人。”

“诗人，咱这里还有诗人？”

诗人老者“哈哈”大笑一阵后说：“咱永城是全国诗词之乡，上至百岁老人，下到八九岁的孩子，能吟诗作赋的多了。”又指着刚才出面解围的老人说：“人家还是国家级书法家呢！”

“您是国家级书法家？”

“怎么？看着不像吗？”老人捋着花白的胡须说，“我 3 岁跟着爷爷学书法，60 岁时才混得‘中国书法家协会会员’的小本本，你还以为我是花钱买来的吗？咱永城是中国书法之乡，我这样的书法家，有时候一眼就看见十几个。”说完，又自顾自地“哈哈”大笑。

笑得刘邦有点不好意思，忙问：“请问您老高寿？”

“高寿谈不上，今年刚刚 90 岁，这位是我哥，他比我大 3 岁，我俩一同外出，别人都说我是哥，他是弟。”

刘邦仔细看时，被称作哥的老人，看上去的确比弟弟还年轻，感觉其浑身肌肉比哥哥的还结实。曾身经百战的刘邦，便试探性地问：“您老是习武之人吧？”

老人又是一阵哈哈大笑：“武，我习得不多；功，的确练得不少，天天锻炼，从未间断。”

“您老练的什么功？”刘邦问。

“扒地功，挑水功，吆喝功，我天天都练。”说着，老人当即放开喉咙喊了起来：“黄瓜，青嫩的黄瓜，水灵灵的黄瓜，3 毛钱 1 斤！”

“他是菜把式，天天翻地、浇水、卖菜。现在 93 岁，天天早上还用自行车驮着他的青菜到山城集叫卖，芒山人都叫他‘菜百岁’。”诗人老者一边说着，一边又手指着另一位老人，“他才是练功的，永城太极学会的总教头，中原太极大师。”说得那老人脸上腾起了红云。

几个老人不约而同地说：“客人面前，你还不露一手？”

太极老人并不说话，三两步走到身后开阔地上，自然站立，双臂自然下垂，两眼前视，然后含胸塌腰，屈膝松胯，轻吸清气。左脚平开半步，缓缓将内脏浊气呼出。又将重心移至两腿中间，站成马步。

再吸气，双手从身体两侧缓缓抬起至与胸平，呼气，变双手指尖相对，掌心朝内斜对着膻中穴，虎口自然叉开，将全身重量沉至两脚底。

再呼气，双手下沉变掌心朝上，指尖斜朝前相对。然后吸气，双手从身体两侧上捧至与头部齐平。再呼气，翻掌心朝下从胸前下按至小腹前，双手放至两腿外侧，身体又缓缓抬起收左脚并步，还原成自然站立。

“好！好！”老人们一边叫好，一边鼓掌祝贺。

太极老人双手抱拳，边向众老人施礼答谢边说：“你们看到的只是太极气功的外形，不知道在这些看似花拳绣腿的内部，练功人吸纳引导人体气血运行的根本，更无法体会练功者练功时气血通畅、浑身轻松之享受。”然后转向刘邦：“您可能看不出来，论年龄，我是俺们这些哥们中最大的，今年实打实的 102 岁了。”

刘邦简直不敢相信自己的耳朵，当年，他仅仅活了 61 岁，和他同时期的萧何、张良等大多在 60 多岁便离开了人世。想不到这位 102 岁高龄的老人，至今耳不聋，眼不花，思维敏捷，神态飘洒，还可以天天打太极拳。禁不住脱口说道：“过去听人说百岁老人感到很遥远，想不到真有活过 100 岁的。”

太极老人面带笑意，一字一板地说：“怎么叫真有活过 100 岁的？现在站在您面前的就有两个，这一位今年整整 100 岁了。”说着，伸手将那位看上去相对腼腆的老人推到刘邦面前。

“您 100 岁了？”刘邦一脸惊讶。

老人仍不说话，只轻轻地点了点头，并憨憨地笑着。

“您平时都干些什么？”

“剪枝、浇水、疏花、摘水果、卖水果。”老人答。

“您是种水果的？”

“是的。”老人又憨憨地点了下头。

真是不虚此行，一次便遇到五个 80 岁以上的老人，其中两个已是百岁老人。刘邦暗想。

“你们这里为什么这么多长寿老人呢?”刘邦不解地问。

“因为咱永城是长寿之乡呗。”五个老人异口同声地答。

“长寿之乡?”

“对!”五个老人同时点了点头。

“什么是长寿之乡?”

“就是长寿老人多的地方。”书法老人说。

“咱永城人为什么长寿?”

“咱这里山好。”书法老人想了想接着说，“咱这里是豫东平原一点高。在豫、鲁、苏、皖四省结合部，放眼远望，都是一马平川，无边无际的大平原。只有咱这里平地里竖起这么多小山包。山有什么好处？山可以遮挡风寒，特别是严寒的冬季，一刮西北风，西伯利亚的寒流便呼啸而来，走到咱这里，被这些山体一遮挡，凉风减速了，寒气升温了，山北和山南便形成了温差，这便使山前的人感觉更温暖、更舒适。所以，懂风水学的人在选阳宅时，最讲究的是依山傍水。

“每座山体里都蕴含着众多的矿物质，这些矿物质平时孕育了山上的植被，使山上的树木特别青，特别绿，特别翠；花特别艳，特别香；山上结的水果特别甜。下雨时，水顺山势而下，不仅带下了甘甜的雨水，雨水中也裹带下众多的矿物质，使山前农田里的庄稼长势旺，山前的河水格外甜，这就是山清水秀的道理。”

“说得太好了!”刘邦击掌称赞。

“永城人长寿还有一个原因。”太极老人非常认真地说，“咱们这里水好。永城境内不仅有包河、浍河、沱河、王引河四大水系，而且还遍布着大大小小 90 多条支沟、支渠。通过这些支渠，将上游夏邑、商丘、睢县、虞城等县市的雨水源源不断地引入永城，不仅带来了清清的水，也带来了很多营养元素。所以，咱永城是富水区，自古就有‘永不绝粮’一说。有水有粮，吃喝不愁，永城人的忧虑就少，就长寿。”

“水润花秀，水润人秀，永城水源充沛，永城的姑娘长得特别美，特别水灵，小伙子长得特别帅。”

“永城的水多呈弱碱性，现代科学技术已经证实，体内常呈弱碱性的人相对长寿。”

“还有一点你没说！”蔬菜老人接着说，“咱永城的许多水源里，土壤里都富含硒。硒这种微量元素是一种多功能的生命营养元素，它对人体易患的心脑血管疾病、糖尿病、肝病、前列腺疾病、癌症等都有一定的防治作用。”

“您补充得太好了！”刘邦敬佩地说。

“山好、水好、环境好更是咱永城人长寿的主要因素。”诗人老者已耐不住寂寞，又一次抢先发言，“我的同行写有一首诗：

举目花争艳，
静听水有声。
人说永城似江南，
我说江南是永城。

“这就是咱永城环境的精辟总结。在咱永城，无论你走到什么地方，一抬头，便可以看见百花争艳，闻到沁人心扉的花香，听到蜂的鸣唱，鸟的欢歌，人的欢笑。而当你稍微静下心来时，便隐约可以听到潺潺的水声。北方人到了永城都以为已经到了江南，江南的人来到永城，许多人说永城像我们江南一样美丽、清秀，还有的人会说：‘这里比我们江南还美。’永城人出差到了江南，会发自内心地说：‘这里和我的家乡一样美呀！’有人甚至会发出质疑：‘我还没有走出永城吗？’

“由于山清、水秀、花香、环境优美，永城已被评为全国卫生城市、全国园林城市。在这样的环境中生活，每天看到的是绿水青山，闻到的是花芳谷香，听到的是莺歌燕舞，房在花丛建，人在花中行，人与大自然和谐相处，想不长寿都难。”

“说得好！”刘邦和其他老人不由自主地鼓起掌来。

“其实，永城人长寿还有一个原因，”蔬菜老人若有所思地说，“永城的蔬菜好。”

“蔬菜好？”几位老人同时发出疑问。

“是的。”蔬菜老人坚定地说，“咱永城的蔬菜，不仅品种好，而且有特色。”

“你们吃过书案的菠菜吗?”

几个老人同时摇了摇头。诗人老者说：“没吃过，但听人说过‘关堂的葱，盐店的蒜，书案的菠菜不用面’。”

蔬菜老人说：“裴桥镇书案村有一块100多亩的农田，在这块地里种出的菠菜，棵大，叶厚，浑汤，味浓。将这种菠菜放进适量的清水里煮沸，汤像拌了面粉一样浑稠，并散发出一种独特的香味，吃下去又爽口，又沁香，回味略甜。是特别稀缺的产品，非提前订购，很难买到。”

“你们吃过南园的萝卜吗?”

“这个我吃过，”诗人老者说，“这种萝卜的确很好。据说它产自城关镇南园村，脆甜，无渣。如果将这种萝卜托起齐胸高，然后让其自然落下，会摔成一片果渣。这种萝卜吃起来又脆又甜，有吃水果的感觉。市场上这样的萝卜比普通的萝卜价格高一倍，天天都是这种萝卜先卖完。”

“你们吃过苗桥的白菜吗?”

书法老人说：“我吃过，苗桥的白菜被称为‘苗白’，它成球大，球心实，细嫩洁白，调食时鲜嫩甜脆，煮食时漂汤无丝，微香，可口。”

“你们吃过……”不等蔬菜老人发言，众老人齐声模仿蔬菜老人的腔调说：“吃过。”几位老人孩子般地哈哈大笑，一个个笑得前仰后合。

“我再问你们最后一个问题，”蔬菜老人仍一本正经，“你们吃过龙岗的辣椒吗?”

太极老人说：“龙岗辣椒原产于永城市龙岗乡，后来，永城各乡镇均有种植，又叫‘永椒’。是永城‘三辣（辣椒、大葱、大蒜）一甜（枣干）’四大特产之一。永椒个大，皮色紫红，肉厚油多，味香纯正，漂汤，易储藏，易加工，具有祛寒湿、消宿食、解气闷、开肠胃、除邪恶、杀腥气、去积毒等多种功能。早在明朝已作为皇室贡品，奉献给皇室，有‘贡椒’之称。现已研制成辣椒粉、辣椒油、辣椒酱、辣椒砖等多种辣椒制品，畅销海内外。”

太极老人背书文似的一口气说完，喜得刘邦连声叫好，连连鼓掌。

“永城有这么多好的蔬菜，永城人常吃蔬菜，多吃蔬菜，每天吃好的蔬菜，便健康多多，长寿多多。”蔬菜老人对自己的观点做出了总结。

听了蔬菜老人的话，水果老人坐不住了，他一字一板地说："照这样说，水果好，也是永城人长寿的因素。"

"不错，"书法老人紧接着水果老人的话说，"永城市水源充沛，光照充足，四季分明，土壤肥沃，水果品种很多，有些品种在全国知名度很高。"

"比如大枣，"诗人老者抢过话题说，"我们常说：'一日三颗枣，百岁不显老''要想皮肤好，粥里加红枣'。

"大枣有润心肺，补五脏，治虚损，补中益气，养血安神，抗过敏，抗癌等多种功效。是男人的加油站，女人的美颜霜。咱永城产的大红枣，生长期长，核小肉厚，含糖分高，含水分少，营养全面，是全国所有大枣中的佼佼者。"

"特别是咱丰庄产的大枣，质量更加优良。"书法老人再次抢过话题，"用丰庄大枣加工的丰庄枣干，明代就列为皇室贡品，1974 年参加全国农业展览会，受到毛泽东主席的赞赏。丰庄农民听说后，连天加夜精挑细选了 5 斤丰庄枣干，寄给毛主席，毛主席亲笔回信，要求地方政府支持枣农大力发展。"

"丰庄枣干无皮无核，个大肉厚，橙黄透亮，质软稍韧，香甜如蜜。在熬稀饭时放上几颗丰庄枣干，饭熟时，煮饭的屋里屋外都可闻到宜人的奇香。几个美国人在咱永城喝了枣干稀饭后，亲自跑到丰庄，一次就买了 300 斤枣干。带回去后他们研究了几天，也没搞清楚丰庄枣干里面的枣核是怎么除去的。"

"你知道丰庄枣干的枣核是如何除去的吗?"太极老人问。

书法老人神秘地说："这里面的技术，外界知道的并不多，我就是那极少数人中的一个。"

见刘邦和几位老人都瞪大了眼睛，满怀期望地看自己，书法老人才面显得意地说："咱丰庄枣干的生产非常讲究，首先是精心选枣，适时摘枣。必须是丰庄本村枣树上结的长红枣，要在枣果半面红色、半面青色时采摘，摘早了，糖分不足，生产的枣干便甜味不足；摘晚了，糖分过多，加工的枣干品相不佳。第二关是削皮，全部为人工削除。到削皮时，一个个大姑娘小媳妇坐在一起，手持刮刀，臂如弹花，个个像玩魔术一般，绝对是一道风景。第三关，初炕，将削过皮的枣码放到火炕上，炕到微软。这里面有一个重要的环节，烧炕的燃料必须用当地柳木加工而成的木炭，用煤加热，枣干的香味就差。第四关就是去核，你们听仔细了。"

见几个老人同时点了点头，书法老人接着说："初炕过的大枣已半糖化，此时用手拿起大枣，轻轻一捏，枣核便干干净净地弹出去了，枣核出去时，对枣体并无任何破坏，只是枣肉被枣核顶开一个出口。枣核出去后，被糖化了的枣肉自动收缩，又回归原位。所以，真正的丰庄枣干个个无核，又个个枣体完整，看不出枣核的出口。这个秘密，几个美国人是不可能研究出来的。"

听到这里，几个老人同时点了点头。

书法老人接着说："第五关，复炕，将去过核的枣体再码放到炕上，并不停翻转，直到将每粒枣都炕到橙黄透亮，略有香气时才进入第六关收炕，就是将炕好的枣干收起，然后分拣、装袋。所有的工序，道道严格把关，全部为人工，生产出来的枣干当然是纯天然、无污染、无任何添加剂的健康高营养食品。"

刘邦边听边想，我当时怎么不知道，如果知道，也让丰庄枣干成为大汉的皇室贡品。

"永城还有一种水果品质非常好。"诗人老者说。

"你说的是高庄酥梨吧？"太极老人问。

诗人老者说："就是高庄酥梨。它已有 300 多年的栽培历史。这种梨个大、皮薄、肉脆、汁多，成熟的高庄梨金黄白亮，看一眼便垂涎欲滴，咬一口又酥、又香、又甜，咀嚼时只感觉糖汁顺着喉咙往下灌，满口汁肉，没一点果渣。1994 年 10 月在全国优质农产品郑州展销会上，捧回了优质食品金质奖章。这种梨不仅可解渴、润喉，而且可以清热排毒，润肺止咳，健胃生津，抗癌益寿。"

"不错、不错，"蔬菜老人说，"我邻居的一个孩子，4 岁时得小儿结核，到处求医问药，天天打针，本来活泼可爱的孩子，后来一见穿白大褂的、背药箱子的人，就呼天抢地地往妈妈怀里钻。7 岁时走起路来还没有两岁的小孩子走得稳当。

"后来，一个偶然的机会，孩子的妈妈将孩子带到一个亲戚家居住。这亲戚家种了 3 亩酥梨，这孩子见了酥梨就不愿走。一开始每天只让他吃一个，几天后见孩子不拉肚子，便每天让他吃两个。后来，每天吃三四个。不知不觉间，妈妈感觉这孩子夜晚不盗汗了，身上长肉了。过了一段时间去医院复查，结核点全部钙化了。"

"是的，"诗人老者说，"我们平常的人平时如吃多了油腻的食物，只要吃两个酥梨便没事了。常吃酥梨便可以延年益寿。”

“咱永城还有一种水果很出名。”久没说话的水果老人又说了一句。

“什么?”众老人问。

“这你们都不知道?”说着话从背后提出一个竹篮，大家一看，齐声叫喊起来：“芒山杏!”

诗人老者不容分说，从竹篮里抓了3枚橙黄透亮的大杏，硬塞给刘邦。

在刘邦的记忆里，杏并没有这么大，并且味道很酸，小时候还听老人们说：“杏伤人，桃养人，李子树上吊死人（不宜多吃）。”所以，一提到杏，仍口中流酸水，迟迟没敢下口。

书法老人见刘邦如此，已知其中原因，急忙拧开一瓶矿泉水，将杏洗干净。自己拿起其中一个，用手轻轻一捏，杏肉已一分为二。他自己先吃下一半，将另一半递给刘邦，并说：

“你知道的那都是老皇历了。如今咱芒砀山上产的杏，个个果大、肉香、汁甜，吃一口回味悠长。”

“杏的营养极为丰富，”太极老人说，“杏肉中含丰富的糖、蛋白质、钙、磷等矿物质和多种维生素。最适合贫血、四肢冰凉等虚寒体质的人食用。有一个调查，经常吃杏的人，患癌症的比率极少。”

“今天真长见识了。”刘邦说着，将诗人老者递给自己的杏全部吃了下去。

“还有一条，永城人吃得好。”蔬菜老人说。

“吃得好?”刘邦又是一脸迷茫。

蔬菜老人见刘邦不解，便解释说：“吃得好，不是说永城人吃多少山珍海味，大鱼大肉，而是说永城人的饮食结构好。这表现在几个方面：一是永城人饮食多样，吃得较杂。在全国南北各地种植的农作物，在永城几乎都有种植。永城人既爱吃具有本地特色的面条、馍、包子等面食；也爱吃南方人爱吃的大米；还爱吃北方人爱吃的玉米、大煎饼。吃得杂，当然营养全面。”

众老人都赞许地点了点头。

蔬菜老人接着说：“二是永城人的饮食以汤为主，早上喝稀饭，晚上喝粥，中午吃面条，是大多数永城人的基本食谱。‘饭前先喝汤，不劳医生开药方。’仅永城人最爱吃的面条，就有青菜面、挪汤面、捞面、炸酱面、清汤面等30多种不同的做法。

“三是永城人饮食分配科学。早上吃得精，多数人家很重视早餐的营养，有煮鸡蛋，肉包子，杂粮稀饭，炒青菜，品种多，营养丰富。中午吃得好，宴请客人，走亲串友，朋友聚会等，多选择在中午，因而午饭都较为丰盛，鸡、鸭、鱼、肉等众多高能量、高热量食品，多安排在午餐中。晚上吃得少，过去贫困时，许多农民晚上喝点白开水，吃个馍头就过去了。现在生活好了，许多人的晚餐，或是吃点水果，蔬菜；或是打点五谷粥，杂粮粥；或是简单熬点小米稀饭，没有客人时，很少有人在晚饭时大吃大喝。”

刘邦暗想，真是时代不同了，当年我们只知道高兴时大块吃肉，大碗喝酒，没想到在吃饭上还有这么多讲究。早知道这些，虽然不奢望成为百岁老人，多活10年、20年应该没问题。如能多活20年，又能为大汉做多少事呀。想到这里，不由得有点自我伤神。

“永城人长寿的原因还有一条。”太极老人又说话了。

“哪一条?”刘邦从沉思中转过神来问。

“永城人住得好。”

“住得好?”刘邦又是一脸迷茫。

太极老人说：“永城人住得好，也不是说永城人住的楼房比别人高，居住面积比别人多，而是说永城人的住处生态、自然。

“永城农村人的住房多为一户一院，房与房之间的间距宽，许多人家的房屋就建在密林中，周围有大树，院内有小树和花草，许多人家出门就是农田，日照充足，通风透光好，冬暖夏凉。无论是盛夏酷暑，还是三九寒冬，借住自然风、光、气的调节，基本可适应人体对温度的要求，冬不烧炕，夏可纳凉，直到现在，农村的许多人家仍靠自然调节气温，很少使用空调机。

“在这样的环境中居住，早晨迎着初升的太阳呼吸几口新鲜空气，放眼四处，绿海腾波，花香宜人，鸟语蜂歌；晚看太阳落山，托出红霞万朵。或陪妻子儿女，围坐在庭中的葡萄架下，饮几口小酒；或品一品香茶，或边嚼着干果，边同家人们天南海北喷个痛快，侃个尽兴；或扯一张芦席，带一条草苫，向村头一铺，和乡邻们围聚一起，望着媚人的明月，享受着阵阵凉爽之风的吹拂，听着你一言我一语，你一段我一段，散发着浓浓乡土气息的逸闻趣事。笑在其中，乐在其中，亲情在其中升华，怎不活他个幸福百年。”

“说得太好了！”刘邦再一次带头鼓掌。

“其实永城人长寿的因素还有一条，人际关系好。”诗人老者满含深意地说。

“对，对，对！这一条很重要。”其他几位老人一致赞同。

“这又从何说起？”刘邦不无疑惑地问。

诗人老者说：“咱永城人的突出特点是豪爽，仗义，热情，好客，善良，诚信，宽容，大度。”

“先说永城人的豪爽与仗义。永城人说话直来直去，办事风风火火。在许多永城人眼里，面子比金钱还重要，面子甚至比身体重要。喝酒时，可以‘宁让胃里穿个洞，不让感情裂个缝’；办事时‘吐沫落在地上可砸个坑’，只要答应别人的事，再难也要帮别人办好。见到别人有困难，无论是认识的人，还是不认识的人，是本地人，还是外地人，都会尽力相帮。

“永城人热情好客。永城人坐在家里就是天上的菩萨，有求必应；走出家门就是一团火，宁可燃烧自己，也要温暖别人。家里来了客人，家里菜少时，正下蛋的老母鸡也要宰杀了招待客人。袋中无钱时，自己硬着头皮赊账也要让客人吃饱，吃好，住舒服。

“永城人善良诚信。许多永城人以助人为乐，帮助了别人会倍感舒心，倍感快乐。只要亲戚、邻居家有事，许多人不请自到，主动忙上忙下，不收任何报酬。困难时期，发现邻居家断了炊，自家只有一瓢面，也会匀出半瓢来接济他人。现在许多人富了，许多企业家个人资产数千万、数亿人民币，但他们一有时间便自己开着自家的车，到街上接送贫困的学生上学，接送外来客人。周日，许多企业家联合起来，自带慰问品，到敬老院义务为孤寡老人剪发、洗脚、修指甲。

“一个单位，一个村庄的人，不是亲人，胜似亲人，互相信赖，亲如一家。大家的共同观点是送人玫瑰，手留余香。远亲不如近邻，近邻不如对门。左邻右舍之间，小孩子从东家到西家都像在自家一样随便自如。一家人同时外出时，会把自家的全部钥匙毫不担心地交给邻居。一个村子里住着的人，吃午饭时多喜欢端着饭碗聚在一起，边吃饭，边聊天。村上的老人们，饭后总是三五一堆地聚在一起，边晒太阳边聊天，一聊就能聊半天，其情盈盈，其乐融融。

“永城人宽容大度。许多永城人都信奉冤家宜解不宜结。亲邻之间如有矛盾，双方会主动谈和，双方谈不和时，会有人主动上门帮助说和，双方也会主动请自己信任的人帮助说和。

“由于多数人都拥有这样的美德，就带来了家庭亲和，邻里和睦，社会和谐。许多人心里没有委屈，没有阴暗，没有仇恨。每天脸上都带着笑容，心里充满欢乐。天天心情好，心态好，自然就增加了每一个人的健康、美丽、幸福和长寿。”

“说得好!”众老人同时报以热烈的掌声。

刘邦面向众老人，非常诚恳地说：“几位老人太让我感动了。我虽然不是永城人，但我兴在永城，我的根在永城，我久久牵挂的是永城。今天，几位老人向我介绍了这么多永城的好处，使我对永城更向往，更留恋。以后，我会常来永城。谢谢你们!”言毕，几位老人只见他轻轻地一转身，便觉一阵轻风从平地刮起，一团彩云飘然远去。

附 件

汉朝（西汉、东汉）朝代更迭年表

两汉时期是当时世界上一个伟大的历史时期，共经422年，成为东方第一大帝国，与西罗马并称两大帝国，中亚和西域各大国也都闻而惧之。首次开辟了著名的“丝绸之路”，开通了东西方贸易的通道，中国从此成为世界贸易体系的中心，直到1000多年后蒙古人的崛起。正是因为汉朝的声威远播，外族开始称呼中国人为“汉人”，而汉朝人也乐于这样称呼自己，“汉”从此成为伟大的华夏民族永远的名字，同时深深影响着多少代儿女。

皇帝称谓	生卒年份（公元）	谥庙称谓	评价
西汉·刘邦	前256—前195	汉高祖	白蛇起义，楚汉之争，建立大汉，豁达大度，从谏如流
西汉·刘盈	前211—前188	汉惠帝	至孝至仁，上承父制，下尽职守，为文景之治建立基础
西汉·刘恭	？—前184	汉前少帝	吕后所立，又为其所害，终生无政治绩效，罢黜而死
西汉·刘弘	？—前180	汉后少帝	吕后所立，荡涤诸吕时因非惠帝孙而被陈平等人废黜
西汉·刘恒	前203—前157	汉文帝	与民休息，轻徭薄赋，推汉走向鼎盛奠定根基
西汉·刘启	前188—前141	汉景帝	平乱固权，清静恭俭，发展教育，打击豪强，文景之治

西汉·刘彻	前156—前87	汉武帝	雄才武略，空前政为，创造了中华民族史上数个第一
西汉·刘弗	前94—前74	汉昭帝	承接父业，四夷来朝，中兴稳定，后因多病不治而死
西汉·刘贺	前92—前59	汉废帝	荒淫无度，不顾社稷，以不堪重任而在位27天被废
西汉·刘询	前92—前49	汉宣帝	巫蛊之祸，霍光拥立为皇，实现昭宣中兴，清除霍氏
西汉·刘奭	前74—前33	汉元帝	纯任德教，尊崇儒学，昭君出塞汉匈言和，西汉转弱
西汉·刘骜	前51—前7	汉成帝	耽于酒色，荒淫无道，不理朝政，赵氏乱内，外家擅朝
西汉·刘欣	前25—前1	汉哀帝	有治国之志无治国之才，断袖之癖，王莽篡位西汉没落
西汉·刘衎	前9—6	汉平帝	一国之君无奈于王莽之阴险，迫娶王莽女，后被莽害死
西汉·刘婴	4—25	孺子婴	婴继位时，莽摄政，无实际权力多为傀儡，东汉亡
新·王莽	前45—23	建兴帝	代汉建新，推行新政，统治末期，天下大乱，被更始军攻入长安，死于乱军之中
西汉·刘玄	生不详—25	更始帝	才智平庸，性格懦弱，一继任即沉醉于宫廷生活
东汉·刘秀	前6年—57	光武帝	平乱王莽，兴建太学，提倡儒术，尊崇节义，可算贤明君王
东汉·刘庄	28—75	汉明帝	刑名文法，为政苛察，总揽权柄，权不借下，高不逊色
东汉·刘炟	58—88	汉章帝	倡导儒学，厚德行政，创明章盛世，放纵外戚而转危
东汉·刘肇	79—106	汉和帝	扫平外戚窦氏夺回政权，亲民宽政对外修和，英年早逝

东汉·刘隆	105——106	汉殇帝	中国帝王中即位年龄最小，寿命最短的皇帝（百日皇帝）
东汉·刘祜	94—125	汉安帝	掌权后与邓氏争权，但委政于宦官，无所不为，死于巡游
东汉·刘保	115—144	汉顺帝	毅七月死，政变继位，宦官乱政，民不聊生，十九而死
东汉·刘炳	143—145	汉冲帝	终年三岁，宦官外戚乱政，朝廷腐败，九江暴乱，无为
东汉·刘缵	138—146	汉质帝	帝幼伶俐，继位未年，梁翼专权后被其以毒而害，九亡
东汉·刘志	132—167	汉桓帝	偶然为帝，外戚宦官，放恣纵恶，百般无奈，无功而终
东汉·刘宏	156—189	汉灵帝	政治黑暗，社会混乱，黄巾起义，官宦为王，一生无为
东汉·刘辩	176—190	汉少帝	何家掌政，董卓废之，行为轻摇无帝之威仪，卓害其死
东汉·刘协	181—234	汉献帝	乱世之帝，形同虚设，董卓死后曹代刘政，庸碌一生，汉亡